CRECER CON
PANTALLAS

Amat Editorial, sello editorial especializado en la publicación de temas que ayudan a que tu vida sea cada día mejor. Con más de 400 títulos en catálogo, ofrece respuestas y soluciones en las temáticas:

- Educación y familia.
- Alimentación y nutrición.
- Salud y bienestar.
- Desarrollo y superación personal.
- Amor y pareja.
- Deporte, fitness y tiempo libre.
- Mente, cuerpo y espíritu.

E-books:

Todos los títulos disponibles en formato digital están en todas las plataformas del mundo de distribución de e-books.

Manténgase informado:

Únase al grupo de personas interesadas en recibir, de forma totalmente gratuita, información periódica, newsletters de nuestras publicaciones y novedades a través del QR:

Dónde seguirnos:

 | @amateditorial

  | Amat Editorial

Nuestro servicio de atención al cliente:

Teléfono: **+34 934 109 793**

E-mail: **info@profiteditorial.com**

LAURA CUESTA CANO

CRECER CON PANTALLAS

**Cómo enseñar a tus hijos a usar
y disfrutar de la tecnología
de forma segura y saludable**

© Laura Cuesta Cano, 2023
© Profit Editorial I., S.L., 2023
   Amat Editorial es un sello de Profit Editorial I., S.L.
   Travessera de Gràcia, 18-20, 6.º 2.ª. 08021 Barcelona

Diseño de cubierta y maquetación: Jordi Xicart
Imágenes: Shutterstock.com

ISBN: 978-84-19341-76-1
Depósito legal: B 12789-2023
Primera edición: Septiembre de 2023

Impresión: Gráficas Rey
Impreso en España – *Printed in Spain*

A Rodrigo y Carlota,
porque ser su madre ha sido
el proyecto más fascinante,
emocionante y gratificante
que he hecho en mi vida.

A ti,
por hacer todo esto posible.
Y mucho más.

Y a Lucas, mi perro, por su compañía fiel.

❖ ÍNDICE ❖

Tipos de dispositivos para cada edad

❖ PRÓLOGO ❖

Este libro que tienes ahora entre las manos, *Crecer con pantallas*, escrito por Laura Cuesta Cano, aborda dos temas fundamentales que han formado parte de mi vida profesional: el talento y la tecnología.

Tengo la firme convicción de que la educación, la buena educación, es la principal palanca de desarrollo. Este axioma afecta al desarrollo de las naciones. Sin la inversión en educación no se entendería la pujanza de las economías del sudeste asiático, por ejemplo. En las listas de los mejores sistemas de educación del mundo figuran naciones como China, Hong Kong o Singapur, junto con otros países muy destacados en los últimos tiempos, como Canadá o Finlandia.

Es fundamental también tomar conciencia de que, habida cuenta de la velocidad del cambio tecnológico y cómo este habilita nuevos negocios —y, de manera mucho más extensa, nuevas formas de vivir, comunicarnos y relacionarnos—, la educación ya no es exclusiva de unas etapas concretas de la vida, sino que en la actualidad nos debe acompañar a lo largo de toda nuestra existencia.

También esta tesis influye en las empresas. No es de extrañar que las compañías basadas en el conocimiento, que contratan talento bien formado y que crean tecnologías propietarias que evolucionan conformando una propuesta de valor cada vez más rica, tengan éxito y creen más riqueza y empleo de calidad. Pensemos en aquellas que encabezan los rankings de valoración bursátil en el mundo, como Apple, Microsoft, Tesla, Amazon, Alphabet o Meta.

Como es lógico, también la educación impulsa el desarrollo individual. En países como España, en la segunda mitad del siglo xx ha funcionado como ascensor social gracias a los esfuerzos en educación hacia las generaciones jóvenes, lo que ha permitido convertirnos en un país con una amplia clase media, que es la que garantiza el progreso y el bienestar.

La tecnología es otra de las grandes palancas de transformación en la actualidad. En el ámbito corporativo cada día son más las compañías que suman esfuerzos en lo que podemos denominar trasformación digital o industria 4.0. Se robotizan fábricas y se automatizan procesos de negocio; pero no solo afecta a aquello que se repite, sino, gracias a la inteligencia artificial, también se puede aplicar a lo que se predice. La digitalización facilita las relaciones a lo largo de toda la cadena de valor con clientes, proveedores o empleados. Todo ello redunda en mejoras de competitividad absolutamente necesarias para sobrevivir en esta economía global.

Además, nuestra vida privada cada vez está más imbuida de digitalización. Fenómenos como los confinamientos por la crisis de la COVID-19 han acelerado exponencialmente esta tendencia. Hoy, abuelos, padres o hijos conviven con naturalidad con la tecnología. Se puede leer el periódico, pedir cita con el médico, interactuar con el banco, hacer la compra semanal, reforzar las habilidades matemáticas o socializar con nuestras «tribus» digitales, todo ello en línea.

En este contexto, donde la tecnología juega un papel tan relevante, la obra que nos presenta Laura se enfoca en el crecimiento de nuestros niños y jóvenes en un mundo cada vez más digitalizado y, en mi opinión, supone un gran aporte, del que destacaría tres factores. Por un lado, aborda el fenómeno de la digitalización con una visión y un índice temático muy amplio y con mensajes segmentados por rangos de edad: menores de 0 a 3 años, de 4 a 6, de 6 a 11 y de 12 a 16. Por otro, el estilo de Laura conceptualiza de manera muy práctica los elementos clave y plantea posibles soluciones a los problemas. Finalmente cabe destacar la llamada constante a la responsabilidad en lo que se refiere a la educación digital de niños y jóvenes.

Más allá de los debates públicos sobre modelos educativos —que, de manera inexplicable, en España no cuentan desde hace años con un amplio consenso—, lo cierto es que nuestros hijos deben estar bien versados en digitalización, pues las tecnologías digitales son una herramienta esencial habilitadora de su desarrollo y de su capacidad de interactuar con terceros. No existe elección.

Así pues, en el debate actual no podemos elegir el qué —la digitalización—, pero sí el cómo. Para ello, conceptualizar, interiorizar, profundizar científicamente, ir más allá de la mera opinión es clave para poder contribuir al máximo al desarrollo de la sociedad y, en particular, de familias, niños, jóvenes y, en última instancia, de nosotros mismos.

Por todo ello, recomiendo con enorme entusiasmo la lectura de *Crecer con pantallas*.

VERÓNICA PASCUAL BOÉ
Presidenta de ASTI Foundation,
vicepresidenta de Endeavor, miembro del Consejo de
Telefónica y GAM.

❖ INTRODUCCIÓN ❖

«La educación es lo que sobrevive cuando lo aprendido se ha olvidado».

B. F. SKINNER

Durante muchos meses me he planteado si, en plena era de la digitalización y la hiperconectividad, era buena idea o no publicar un libro en papel sobre familias y tecnología.

De lo que me he dado cuenta durante todo este tiempo es que las familias que justamente están más afectadas por estos temas, que más información necesitan —o, incluso, ayuda y recursos— cuando hay señales de que algo va mal no son los padres y madres que habitualmente leen mis artículos en la prensa digital o en mi perfil de Twitter o Instagram. No, los padres y madres que ni siquiera tienen redes sociales ni acceso a los medios de comunicación especializados son los que más necesitan esas herramientas para poder saber qué hacer con sus hijos en casa. Por ellos y para ellos era necesario hacerles llegar la información y los recursos a sus hogares, a su mesilla de noche. En papel.

Este libro es el resultado del trabajo que realizo en Educación Digital para Familias (www.educaciondigitalparafamilias.com). Se trata de un proyecto personal que puse en marcha a comienzos de 2021 para orientar a los progenitores sobre cómo guiar y acompañar a sus hijos en el entorno digital, recogiendo así todas las ideas y reflexiones que he ido aportando en eventos, charlas y colaboraciones en medios de comunicación durante estos últimos años.

Educar no es una tarea fácil y, como suelo decir a los padres, no existe una «receta mágica», no hay un manual que tengamos a mano cuando nos embarcamos en este apasionante viaje de tener hijos. Pero, sin duda, el amor que sentimos por ellos, con la máxima de protegerlos y garantizar su seguridad y que se comporten con sentido común, nos va a ayudar a tomar las mejores decisiones.

No todas las familias son iguales, al igual que no todos los niños son iguales. Por ello, cada uno de vosotros tendréis vuestras necesidades y vuestras preocupaciones, y también vuestros valores familiares.

Por eso, aunque os pueda dar consejos, pautas y herramientas que os ayuden a tomar ciertas decisiones —como cuál es la mejor edad para darles su primer móvil o para abrirse un perfil en TikTok—, al final, vosotros sois los que mejor conocéis a vuestra familia y tendréis que valorar hasta qué punto vuestros hijos están preparados y hasta qué punto lo estáis vosotros mismos.

A igual que ya tenemos totalmente interiorizado que la mejor prevención para evitar o reducir los riesgos por el consumo de alcohol u otras drogas es hablar sobre ello desde edades tempranas, como complemento a las charlas en los centros educativos (sabemos que no es el mejor momento para intentar razonar y dialogar con ellos cuando llegan a casa bajo los efectos del alcohol), ahora debemos trasladar este aspecto al entorno digital. Por tanto, mantengamos las primeras conversaciones sobre tecnología en casa antes incluso de que tengan sus primeros dispositivos, para que comiencen a conocer los posibles riesgos asociados a la red y para que, cuando inicien su actividad digital, lo hagan de la forma más segura y saludable posible.

Como decía el físico Richard Feynman: «No se aprende si dejamos las preguntas para el final». Creemos un diálogo continuo en casa con nuestros hijos para ir enseñándoles poco a poco. Así, hagamos de la educación y el aprendizaje algo natural y positivo.

¿DÓNDE ESTAMOS?

«Tenemos que preparar a los estudiantes para su
futuro, no para nuestro pasado».
IAN JUKES

DATOS ACTUALES SOBRE EL USO (Y ABUSO) DE LAS REDES SOCIALES, MÓVILES Y VIDEOJUEGOS POR PARTE DE LOS ADOLESCENTES Y JÓVENES

Según un informe publicado por UNICEF en 2022 (https://www.unicef.es/publicacion/impacto-de-la-tecnologia-en-la-adolescencia), la edad a la que los niños y adolescentes empiezan a hacer uso de internet y tienen su primer móvil propio se adelanta año tras año.

➡ La práctica totalidad de los adolescentes que cursan la ESO en España (Educación Secundaria Obligatoria, de 12 a 16 años), 94,8 %, dispone de teléfono móvil con conexión a internet, dispositivo al que acceden, de media, a los 10,96 años.

➡ El 58,4 % acostumbra a dormir con el móvil en su habitación y el 21,6 % lo usa más tarde de la medianoche, hora a partir de la cual se triplican los índices de *sexting*, ciberacoso, contacto con desconocidos o apuestas online.

➡ Un 31,6 % está más de cinco horas diarias conectado a internet, lo que incluye las redes sociales, porcentaje que asciende hasta un 49,6 % el fin de semana.

➡ Más de la mitad (el 57,5 %) lleva el móvil al aula todos los días y un 6,7 % lo suele utilizar durante las clases para fines no didácticos.

➡ El 99 % hace uso de alguna aplicación de mensajería, el 95 % usa habitualmente WhatsApp y el 59,2 %, Instagram Direct.

Según el último estudio del Plan Nacional sobre Drogas y Adicciones Comportamentales (la encuesta ESTUDES 2021), entre la población de estudiantes de 14 a 18 años, la prevalencia de un posible uso compulsivo de internet es del 23,5 %. En cuanto al uso de los videojuegos, el 85,1 % de los estudiantes del mismo rango de edad han jugado en el último año, porcentaje que es superior entre los chicos (96,9 %), de los cuales el 7,1 % presentaría un posible trastorno por uso de videojuegos según los criterios del *Manual diagnóstico y estadístico de los trastornos mentales* de la Asociación Estadounidense de Psiquiatría (DSM-5).

La prevalencia de posible juego problemático, uso compulsivo de internet y videojuegos en los estudiantes de 14 a 18 años pone de relieve la importancia de intensificar las actividades de prevención desde diversos ámbitos.

¿QUÉ PAPEL JUEGAN LAS FAMILIAS Y LOS CENTROS DOCENTES EN TODO ESTO?

Un informe elaborado por la plataforma Gaptain nos dice que en España el 52 % de los menores afirma que sus padres nunca o casi nunca les hablan sobre el uso de internet, frente al 37 % de la media europea. Además, cuando tienen un problema recurren a amigos (el 50 %) antes que a sus padres (un 40 %) o profesores (el 5 %), y el 19 % afirma que no hablaría nunca con nadie de ello. El 27 % de los menores de entre 12 y 14 años ha quedado en persona con un desconocido de internet, porcentaje que se eleva hasta un 44 % en el caso de los jóvenes de entre 15 y 16 años. En primaria, menos del 12 % del alumnado afirma que les han hablado de sexo en casa o en el colegio alguna vez, aunque sabemos que la media de acceso a la pornografía es de 14 años actualmente y, en secundaria, casi el 20 % busca conteni-

En España el 52 % de los menores afirma que sus padres nunca o casi nunca les hablan sobre el uso de internet.

do sexual por su cuenta o por medio de un amigo. Por otro lado, el 40 % afirma que las pantallas les generan dependencia y que necesitan hábitos de desconexión.

ENTONCES, ¿LA TECNOLOGÍA ESTÁ GENERANDO ADICCIÓN EN NIÑOS Y ADOLESCENTES?

La Organización Mundial de la Salud (OMS), no sin polémica, incluyó en 2018 la adicción a los videojuegos y juegos de azar como enfermedad mental. Aparecía en el sistema de clasificación internacional CIE-11 como «trastorno por videojuegos» (*Gaming disorder*), que se refiere al uso de juegos digitales o videojuegos, ya sea mediante conexión a internet o sin ella.

Con todo, para poder hablar de juego patológico o adicción al juego se tiene que cumplir un patrón de comportamiento durante al menos doce meses y ser lo suficientemente grave como para provocar un deterioro significativo en las áreas personal, familiar, social, educativa o laboral, entre otras.

Hoy en día no se ha incluido en la clasificación ni el uso de internet ni de las redes sociales o el móvil. Por tanto, si no es considerada una enfermedad o trastorno, tampoco podemos hablar de adicción. Pero ya hablaremos con más detenimiento sobre esto a lo largo del libro.

CÓMO SABER QUÉ ES «MUCHO» O QUÉ ES «POCO» CON LA TECNOLOGÍA

Ante todos estos datos, las familias están preocupadas.

Muchas veces acuden a Google para consultar, leer o tratar de

Poner normas y límites es fundamental para que los menores aprendan a convivir con el mundo digital de una forma saludable.

aprender de forma autónoma e inmediata todo lo necesario para saber cómo supervisar y proteger a sus hijos, pero se encuentran con titulares como estos: «*Fortnite* recibe una demanda por ser más adictivo que la cocaína», «La adicción al móvil altera el cerebro igual que los opiáceos» o «Darle un celular a un niño es como darle drogas».

Parece, por lo tanto, necesario añadir un poco de sentido común en todo este asunto.

Ya hemos apuntado que la OMS no ha catalogado la adicción a internet, al móvil ni a las redes sociales, pero sí ha definido dos síndromes, conocidos como «FOMO» y «nomofobia», para describir unas situaciones cada vez más comunes en nuestro día a día. El primero, del inglés *fear of missing out* (literalmente, «miedo a perderse algo»), se refiere al temor que sentimos por perdernos algo del mundo digital o quedar excluidos de él. El segundo alude al miedo irracional a quedarse sin batería o salir de casa sin el móvil.

¿Nuestro hijo pasa más de dos horas en YouTube al día? ¿No conseguimos desenganchar a nuestra hija de Instagram o TikTok? ¿Se pasa las horas haciendo uso del WhatsApp? Deberíamos comenzar a preocuparnos, sí, pero no tienen por qué ser adictos al móvil o internet. Puede que estén haciendo un uso problemático o abusivo de las tecnologías, aunque esto no depende tan solo del número de horas, sino más bien de los cambios que se estén produciendo en el entorno social y personal del menor o adolescente, como ocurre en la mayor parte de las ocasiones en las que las familias acuden a una consulta con profesionales.

Poner normas y límites será fundamental para que los menores aprendan a convivir con el mundo digital de una forma saludable.

¿Y cómo podemos guiarnos las familias para saber qué es mucho o qué es poco?

La Academia Estadounidense de Pediatría (AAP) estableció en 2018 unas pautas que nos pueden orientar para poner esos límites en casa:

- ➡️ **A los bebés de hasta 18-24 meses** debemos evitarles la exposición a las pantallas. ¿Por qué? Porque a estas edades los estímulos y, por tanto, el aprendizaje, se produce gracias a la luz, el color y el movimiento; si los sobreestimulamos digitalmente a todas horas, conseguiremos el efecto contrario.

- ➡️ **De los 2 a los 5 años** se tiene que limitar el uso de los dispositivos digitales, con un máximo de entre treinta minutos y una hora al día, siempre que los contenidos sean de calidad y supervisemos a los menores en todo momento, ya sea presencialmente o con sistemas de control parental.

- ➡️ **Desde los 5 a los 12 años** es necesario que sigamos acompañándolos y supervisándolos; el tiempo máximo recomendado debe oscilar entre una hora u hora y media al día.

- ➡️ **Con los adolescentes** nuestra labor debe ser más la de un guía que los educa en el uso responsable y saludable de las tecnologías.

Sin embargo, según el último informe de la plataforma para la seguridad y bienestar digital Qustodio, la media de uso es de 2 horas y 24 minutos entre los niños de entre 5 y 11 años. En el caso de los alumnos de secundaria, llegan a pasar más tiempo conectados que en el centro educativo.

El objetivo final debe ser, como afirma la periodista y analista de tendencias María Zalbidea, que «el niño consiga un nivel de autonomía digital de manera progresiva», es decir, que sea capaz de llegar a tener un autocontrol, conocimiento y responsabilidad suficientes para poder gestionar sus apps y canales sociales, siempre siendo conscientes, nosotros como padres, de que cometerá errores.

También debemos saber que la mayor parte de los adolescentes que pasan horas y horas con el móvil pueden estar haciendo diferentes actividades: se escriben con sus amigos por WhatsApp o Telegram, luego miran Instagram, más tarde ven vídeos en YouTube o TikTok, o escuchan música en Spotify, juegan, ven series de Netflix, etc.

Encontrar el equilibrio entre el ocio pasivo, el ocio creativo y el siempre necesario ocio saludable es la clave en la educación que las familias ofrecen a sus hijos e hijas.

Es decir, el dispositivo o app en sí mismos no es el problema. Más bien lo es el tiempo y la actividad que dediquen a cada aplicación. ¿Se trata de un consumo de contenidos meramente pasivo? ¿O están haciendo actividades creativas, como editar fotos o vídeos para hacer una presentación, diseñando un videojuego o aprendiendo con tutoriales a tocar el bajo?

Encontrar el equilibrio entre el ocio pasivo, el ocio creativo y el siempre necesario ocio saludable, que implica momentos de «desconexión», es la clave en la educación que las familias ofrecen a sus hijos e hijas.

LA BRECHA DIGITAL Y LA BRECHA GENERACIONAL. UN PROBLEMA SOCIAL MÁS QUE TECNOLÓGICO

Según los datos del Instituto Nacional de Estadística de España (INE) de 2021, un 20,6 % de los mayores de 74 años hicieron un uso diario de internet y un 7,0 % compraron online en los tres meses anteriores al momento de la encuesta. Entre las actividades realizadas en línea destacaban el uso de aplicaciones de comunicación tipo WhatsApp, las llamadas telefónicas y videollamadas, o la lectura de prensa y de revistas de actualidad.

Pero el hecho de que utilicen la red o aplicaciones móviles no significa que tengan las habilidades digitales necesarias para ello, ya que, según los datos de Eurostat, solo el 6,5 % de los mayores de 65 años cuenta con estas destrezas.

De hecho, la pandemia y el confinamiento no hicieron más que agravar todas las dificultades que ya de por sí encontraban las personas mayores tanto para poder ver a sus familias y comunicarse con ellas como para realizar los trámites comunes de su día a día.

Según el estudio «Hábitos en el uso del móvil en las familias», elaborado por la aplicación Durcal en enero de 2021, al 64 % de la población española mayor de 70 años le gustaría disponer de herramientas adaptadas que faciliten la comunicación con sus familias, ya que las aplicaciones que habitualmente usamos para ello, como WhatsApp, presentan dificultades para más de un 18 % de las personas mayores. Cuando tienen más de 80 años, seis de cada diez reconocen que no son capaces de entender la interfaz de la aplicación para poder escribir, mandar audios o fotos a sus familias.

Además, más del 60 % de ellos manifestaron no haber recibido ninguna o casi ninguna foto de sus nietos en todos los meses del confinamiento, algo que para las personas mayores supone una verdadera necesidad emocional.

Por otro lado, se ha analizado cómo la desigualdad entre grupos sociales que tienen acceso a internet se basa especialmente en cuestiones socioeconómicas: la carencia de recursos incide negativamente en el acceso a dispositivos o terminales de nueva generación o para tener una conexión a internet en sus hogares.

Es por ello por lo que debemos facilitar el día a día de las personas mayores. Esto significa hacer accesibles sus trámites y actividades

Junto con los menores, la tercera edad es uno de los colectivos más vulnerables y expuestos a las estafas online.

des cotidianas: las citas médicas, el ingreso de la pensión, los pagos de las facturas, el contacto con la Administración, etc. Y tan solo lo conseguiremos con aplicaciones y herramientas adaptadas, con educación y formación en competencias digitales y con los demás recursos para hacer que todo esto sea posible.

Pero ¡ojo!, también tenemos que respetar el derecho a la no conexión, a dar la posibilidad a todas las personas que, por imposibilidad o decisión propia, quieran seguir accediendo de manera analógica a los recursos y servicios que debe prestar la sociedad.

En España, según los datos del proyecto Adopta un Abuelo, más de dos millones de mayores viven solos, 360 000 se encuentran en residencias y el 60 % no recibe visitas.

Junto con los menores, la tercera edad es uno de los colectivos más vulnerables y expuestos a las estafas online y más proclives a consumir y difundir bulos y desinformación, ya que, aunque cuentan con el espíritu crítico del que carecen aún muchos adolescentes, no tienen muchas veces la capacidad de contrastar las fuentes o veracidad de lo que reciben por internet.

Desde la década de 1990, se comenzaron a desarrollar programas de formación sobre competencias digitales para mayores en el ámbito universitario: las llamadas Aulas para Mayores. Sin embargo, lo que realmente necesita el colectivo de la tercera edad es ayuda y orientación sobre cómo manejar la tecnología en su vida diaria, como pedir una cita médica, realizar gestiones bancarias o llamar a sus familiares.

¿Qué aporta a las personas mayores la alfabetización digital?

➡ Lo más importante para ellos, sin duda, es la capacidad de estar comunicados con sus familiares. No solo para poder hablar, sino también para poder ver fotos o hacer videollamadas a sus hijos y nietos.

➡ Se mantienen activos en la sociedad, pudiendo llevar a cabo sus gestiones cotidianas, como pedir cita en el centro médico sin la necesidad de terceras personas.

➡ Están informados y al tanto de la actualidad al tener acceso a las noticias, a revistas o a escuchar la radio a través de internet.

➡ Tienen asistencia sanitaria las veinticuatro horas del día para resolver cualquier duda, pedir cita con un especialista o cuidados domiciliarios específicos.

➡ Y, por supuesto, mantienen la mente activa, aprendiendo cosas nuevas y desarrollando así sus habilidades cognitivas.

Nunca podremos abordar la alfabetización digital de las personas mayores si antes no nos concienciamos de que tenemos una generación, cada vez más numerosa, que es dependiente tanto a nivel activo como afectivo y que no solo necesita poder manejar el móvil, utilizar un cajero o hacer la compra online, sino que también necesita estar comunicada con sus familiares, sentirse útil para la sociedad, respetada y querida.

CÓMO SABER CUÁNDO ALGO VA MAL. LAS SEÑALES DE ALARMA

Dejemos por un momento a un lado si debemos hablar de adicciones comportamentales en relación con internet, el móvil o las redes sociales. Lo esencial, como afirma la psicóloga Juliana Cunha, es que «el uso excesivo puede ser una consecuencia de que algo no va bien, y no necesariamente una causa».

Lo que puedo decir a todos esos padres y madres preocupados porque no consiguen «desenganchar a su hijo de la consola o a su hija del móvil» es que, a pesar de que podamos pensar que estamos ante un uso excesivo y abusivo de las pantallas, no tiene por qué haber una patología subyacente.

Algo que, en todo caso, debemos observar es que no se produzcan cambios en el plano emocional y social de nuestros hijos:

➡ Si se encierra en su habitación más de lo habitual.

➡ Si bajan su rendimiento y calificaciones en el colegio de manera repentina.

- ➡ Si percibimos cambios físicos —como bajada de peso—, cansancio o somnolencia.
- ➡ Si cambia de amigos repentinamente o se aísla y no quiere salir de casa.
- ➡ Si se muestra agresivo de manera constante, contesta de mal modo o notamos cualquier otro cambio pronunciado en su carácter, como tristeza o ansiedad.
- ➡ Si se irrita, o incluso se vuelve violento, cada vez que intentamos que desconecte del ordenador o deje de utilizar el móvil.

En estos casos, debemos acudir a un profesional que nos aconseje, como a nuestro médico de cabecera, o a centros especializados en prevención y tratamiento de adicciones. Allí, en función de la gravedad del caso, nos atenderá un equipo de orientación familiar (que guía a la familia) o personal sanitario (psicólogos, médicos, educadores sociales, etc.), que trabajarán directamente con el adolescente.

TODO LO QUE LA TECNOLOGÍA Y LA DIGITALIZACIÓN NOS APORTA HOY DÍA A NOSOTROS Y A LAS GENERACIONES FUTURAS

Como bien decía Verónica Pascual Boé en el prólogo de este libro, estamos hoy día en plena transformación digital, en proceso de adoptar y utilizar las tecnologías digitales para mejorar y transformar el funcionamiento de una organización o sector, incluida la propia sociedad. Esto puede incluir la automatización de procesos, la utilización de plataformas digitales para mejorar la colaboración y la comunicación, la adopción de nuevas metodologías de trabajo y la incorporación de tecnologías en el proceso de toma de decisiones. Por ello, no cabe duda alguna de que tenemos que adoptar el uso de la tecnología si queremos formar parte de esta realidad, educar a nuestros hijos —las próximas generaciones— con las precauciones necesarias para que formen parte del nuevo en-

> «El uso excesivo puede ser una consecuencia de que algo no va bien, y no necesariamente una causa».
> Juliana Cunha

torno que les rodea de la manera más segura posible. Alejarles de la tecnología ya no es una opción.

La tecnología y la digitalización aportan diariamente muchos beneficios a la sociedad. Algunos de los aspectos positivos más importantes son los siguientes:

➡ **Mayor eficiencia y productividad.** Las herramientas y plataformas digitales permiten realizar muchas tareas de manera más rápida y eficiente. Esto ha permitido aumentar la productividad en muchos sectores y ha contribuido al crecimiento económico. Cierto es que en unas pocas décadas la robotización hará que muchos de los trabajos que hoy conocemos desaparezcan, pero surgirán otros nuevos que aún ni siquiera podemos concebir. Tan solo hay que seguir la máxima del *long life learning* («no parar de aprender nunca») para poder reciclarnos y acceder a las nuevas profesiones.

➡ **Mayor acceso a la información.** Internet y los dispositivos móviles han hecho posible que tengamos acceso a una gran cantidad de información de manera rápida y sencilla. Esto ha facilitado la educación y ha permitido que muchas personas accedan a nuevos contenidos de manera gratuita y online, algo que hace años hubiera sido imposible.

➡ **Mayor comunicación y conectividad**. La tecnología ha facilitado la comunicación y ha permitido que estemos conectados con otras personas en todo el mundo. Esto ha mejorado la colaboración y ha posibilitado establecer y mantener relaciones a pesar de la distancia. Sin duda, en la época del COVID y el confinamiento, la tecnología hace de esto una realidad.

➡ **Mayor seguridad y protección**. La tecnología también ha contribuido a mejorar la seguridad y protección de las personas y sus bienes. Por ejemplo, hay sistemas de seguridad y cámaras de vigilancia que pueden ayudar a prevenir el delito y a proteger la propiedad.

➡ **Mayor accesibilidad**. La tecnología ha hecho posible que muchas personas con discapacidad tengan acceso a herramientas y servicios que antes no estaban disponibles para ellos. Por ejemplo, se han creado nuevas aplicaciones y dispositivos que ayudan a las personas con discapacidad visual o auditiva a interactuar con el mundo que les rodea.

No cabe duda de que, cuando hablamos de tecnología, no solo aludimos a los móviles, videojuegos, a Instagram o TikTok. El término abarca todo un conjunto de conocimientos, habilidades, herramientas y sistemas que se utilizan para resolver problemas y hacer cosas útiles. La tecnología —que se puede aplicar a muchas áreas diferentes, como la industria, la medicina, la agricultura, la energía o la comunicación, entre muchas otras más— incluye dispositivos y equipos, procesos y métodos de trabajo, sistemas de información y tecnologías de la información.

Actualmente, con todos los avances actuales en inteligencia artificial, realidad virtual, aumentada y mixta, *chatbots*, metaversos, *blockchain*, criptomonedas, etc., tenemos un escenario inabarcable en el que poder formarnos y descubrir todo lo que está por llegar. ¡Es fascinante!

5 cosas que no debemos olvidar

1. Como veremos a lo largo de este libro, aunque poner normas y límites va a ayudarnos a gestionar el uso de las pantallas en casa, no se trata de una cuestión de horarios, de saber cuántas horas marca el límite entre un uso saludable y uno problemático. Hay muchos más factores esenciales que debemos conocer para poder acompañar a nuestros hijos en este proceso.

2. Afirmar que no debemos alarmarnos hablando de la adicción de los menores y adolescentes a internet, a las redes sociales o al móvil no significa, por supuesto, que no existan situaciones de uso abusivo o compulsivo, algunos de los cuales, incluso, muchas veces requieren de tratamiento por parte de un profesional. Pero de lo que no cabe duda es que este alarmismo social no ayuda en nada a las familias que tienen que orientar y guiar a sus hijos.

3. Al igual que la alfabetización digital de los menores es importante, la de las personas mayores es igual de prioritaria; en caso contrario, pueden acabar excluidos de la sociedad actual.

4. Es muy importante que las familias estemos al tanto de las posibles señales de alerta que puedan indicarnos que algo va mal en casa (cambios de comportamiento, de ánimo, físicos, en el rendimiento escolar, etc.) para, llegado el caso, actuar de forma preventiva.

5. No estáis solos. Hay muchos recursos, plataformas y profesionales que podemos daros información y ayudaros si en algún momento os sentís desbordados.

2

DESMITIFICANDO ALGUNAS IDEAS

«La sabiduría no viene de la edad, sino de la educación y del aprendizaje».
Antón Chéjov

MITO UNO:
ESTO ME HA PILLADO MUY MAYOR

«Mi hijo sabe mucho más que yo, lleva usando estos dispositivos desde que nació». «No tengo capacidad ni formación para poder educarlo sobre esto».

Os suena, ¿verdad?

Nosotros, padres y madres de la generación *Baby Boomers* (nacidos entre 1945 y 1964) o de la generación X (nacidos entre 1965 y 1981), nos frustramos a menudo por ser los llamados «inmigrantes digitales» y ver cómo nos ha tocado reinventarnos y adquirir un conocimiento tecnológico a toda prisa para poder desenvolvernos tanto a nivel laboral como social, mientras que las nuevas generaciones, totalmente preparadas y habituadas a un uso continuo de apps, carecen del más importante de los sentidos, el sentido común.

¿Y QUÉ DEBEMOS HACER ENTONCES?

Al hablar de menores y pantallas hemos de pensar, pues, en lo que denominamos mediación parental. Se trata de nuestra obligación legal y moral, en calidad de responsables de la educación del menor, de educar también en el ámbito de las nuevas tecnologías, que debe ser un aspecto más de la educación general que procuramos al menor. Lo trataremos ampliamente un poco más adelante en el libro.

Los progenitores o responsables del menor debemos acompañarlo en su proceso de alfabetización digital.

Así lo explica, en pocas palabras, el abogado experto en derecho digital Borja Adsuara, haciendo hincapié en el deber general de custodia del menor de edad: hemos de velar por su buen desarrollo físico y mental.

Los progenitores o responsables del menor debemos acompañarlo en su proceso de alfabetización digital. Para ello, hemos de educarlo para que haga un uso responsable y seguro de las nuevas tecnologías, impedir que los riesgos de las tecnologías de la información y la comunicación (TIC) se materialicen y, en caso de que ocurra, ofrecerle soluciones.

Pero ¿estamos los padres realmente preparados para educar en el ámbito digital a nuestros hijos? ¿Conocemos las apps y redes sociales que usan?

LA EDAD LEGAL PARA TENER REDES SOCIALES

La edad legal en España para que los menores puedan tener un perfil propio en redes sociales es de 14 años, aunque las plataformas establecen sus propias políticas de acceso y edad mínima (asunto del que hablaremos más adelante). El límite se ha establecido en esencia por el consentimiento para el tratamiento de datos y para que el usuario pueda recibir contenidos publicitarios (según el Reglamento General de Protección de Datos). Tras realizar charlas sobre internet y las redes sociales a alumnos de 6.º de primaria y de 1.º y 2.º de la ESO en diferentes colegios de la geografía española, de los menores de 11 y 12 años, prácticamente el 70 % tenía un *smartphone* y, de ellos, muchos ya contaban con un perfil en redes como Instagram o YouTube (algunos con control parental y otros muchos sin él).

¿Cómo se comprueba que el menor no miente cuando introduce su edad o cuando confirma contar con el consentimiento paterno? Pues, en realidad, se confía en la honestidad y madurez de todos los menores.

Por esto, como sabemos que ocurre en Instagram y el resto de las redes sociales, la presencia de niños menores de 14 años es una realidad y, por tanto, es obligación de los padres supervisar la actividad que hacen cuando estos utilizan sus tabletas o *smartphones*, ya sea a través de una herramienta de control parental o mediante conversaciones familiares.

No es cuestión de prohibir ni censurar, pues ya sabemos que esta estrategia no es efectiva, sino de guiarlos y educarlos: desde que se instalan las apps en los móviles, abren los perfiles o configuran la privacidad. Se les debe explicar qué tipo de contenido deben subir a la red y cuál no, cómo proteger su privacidad y la de la familia o por qué no deben interactuar con personas desconocidas.

Y, así, según vayan creciendo, serán ellos mismos quienes aprendan a disfrutar de internet sin riesgos.

MITO DOS:
NUESTROS HIJOS SON NATIVOS DIGITALES Y SABEN MÁS DE TECNOLOGÍA QUE NOSOTROS

Fue en 2001 cuando el estadounidense Marc Prensky escribió el artículo «Digital Natives, Digital Immigrants» («Nativos digitales, inmigrantes digitales»), un texto que revolucionó tanto el sector de la educación como el de la tecnología. En él, hablaba de una nueva generación, nacida a partir de la década de 1980, que, por haber crecido en plena revolución de internet, adquiría una serie de características que los diferenciaba de sus padres y abuelos (inmigrantes digitales, nacidos entre las décadas de 1940 y 1980): poseedores de una lengua y una cultura digital y audiovisual, consumistas y amantes de lo inmediato («todo a un clic»), adeptos a la multitarea y la multipantalla, creadores de contenidos y activistas sociales...

Pero con el paso de los años muchos de estos nativos, hijos de padres ajenos a lo digital, se habrían convertido, especialmente durante la adolescencia, en «huérfanos digitales» al carecer de la for-

Los menores deben adquirir las competencias digitales necesarias para poder hacer un uso creativo, responsable, seguro y crítico de la tecnología.

mación y acompañamiento necesarios en su vida y actividad digitales.

En época más reciente, muchos profesionales nos hemos ido alejando del enfoque que daba por sentado que las nuevas generaciones están altamente cualificadas en las destrezas digitales.

En 2013 las británicas Lydia Plowman y Joanna McPake publicaron un estudio, «Seven Myths About Young Children and Technology» («Siete mitos sobre los niños pequeños y la tecnología»), donde confirmaban que los menores aprendían por repetición de sus padres y que, cuando se encontraban ante una app o juego nuevo, o sitio web desconocido, se sentían totalmente desbordados.

Años más tarde, Juan Luis García Rambla, experto en tecnología, escribía lo siguiente: «Nativos digitales: no hay que confundir la destreza digital con tener criterio». En la misma línea titularon su libro Susana Lluna y Javier Pedreira «Wicho»: *Los nativos digitales no existen*. Y es que, aunque nuestros hijos sepan manejar el iPad con solo 2 años o consigan configurar la *smart TV* antes que nosotros, eso no significa que manejen la tecnología con responsabilidad, esto es, asumiendo las ventajas e inconvenientes y sabiendo, por ello, prevenir los riesgos asociados. Por tanto, los menores deben adquirir las competencias digitales necesarias para poder hacer un uso creativo, responsable, seguro y crítico de la tecnología.

Ahora bien, ¿de quién es esa responsabilidad? ¿De las familias? (Un 43 % de la población española carece de competencias digitales básicas y un 8 % jamás ha utilizado internet). ¿De los centros educativos? (No cuentan con presupuestos ni cuota docente para cubrir las necesidades de un currículo digital transversal). ¿De los planes ministeriales?

El propio Prensky, en 2018, hizo una propuesta pedagógica —en el contexto actual de sociedad del conocimiento en que nos encontramos— cuando habló de la importancia del uso de la tecnología: «Los alumnos de hoy día quieren una educación conectada con la realidad, colaborativa, en la que puedan expresar sus ideas y opiniones en clase junto a la de sus compañeros, usando herramientas de su tiempo. Y, para ello, el profesor debe animar, incluso obligar, a los alumnos a hacer uso de tantas tecnologías como sea posible durante el curso: la web, el móvil, los videojuegos, los podcasts, las impresoras 3D, etc.».

¿Y cómo debemos formarnos las familias? Ante todo, con tranquilidad. Hablamos de adquirir las competencias digitales básicas —navegación y comunicación en el entorno digital, tratamiento de los datos y de los contenidos audiovisuales, uso de dispositivos digitales, civismo digital, etc.—, y no las propias de un experto, para luego poder formar en ellas a las nuevas generaciones.

Se trata, al fin y al cabo, de procurar que unas generaciones dejen de ser huérfanas digitales para convertirse en competentes en el ámbito tecnológico, lo que va a determinar su futuro y el de toda la sociedad.

MITO TRES:
LA TECNOLOGÍA ES PELIGROSA. ALEJEMOS A LOS MENORES DE LAS PANTALLAS

«La tecnología es la primera causa de estrés en los adolescentes. Debemos alejarlos de las pantallas».

Seguramente os suene haber leído esto más de una vez, ¿verdad? Antonio Bartolomé, director del Instituto de Investigación en Educación de la Universitat de Barcelona, lo ha dejado claro: «Los niños tienen que experimentar con su entorno y, hoy en día, las pantallas forman parte de él».

Como veréis a lo largo de este libro, me considero una persona totalmente apasionada de la tecnología y de la innovación y, por ello, lucho contra la demonización y estigmatización de su uso por parte de los menores. Esto no es óbice, por supuesto, para que os muestre y comparta todos los posibles riesgos que, como toda herramienta, pueda plantear, especialmente para las personas más vulnerables. La clave es la prevención, la educación y la formación, nunca la prohibición.

MITO CUATRO:
LOS «GURÚS DE SILICON VALLEY» NO DEJAN HACER USO DE LA TECNOLOGÍA A SUS HIJOS

Cada vez que se habla o se publica un artículo sobre los efectos negativos que conllevan internet y la tecnología en los menores y adolescentes, siempre hay alguien que saca a colación el comentario de marras: todos los «techis» y «gurús» de Silicon Valley prohíben a sus hijos utilizar el móvil y las redes sociales y los educan en colegios sin acceso a la tecnología.

Antes de continuar, empecemos por el principio: hablemos de Rudolf Steiner y de la pedagogía Waldorf: «La educación ha de llevarse a cabo de forma artística, en un ambiente libre y creativo. Debe basarse en una amistosa colaboración entre maestros y padres porque los alumnos tienen que ser siempre el centro de toda la actividad escolar».

El doctor en piscología, matemático, físico, además de estudioso de otros campos de la ciencia y las artes, Rudolf Steiner, creó una forma de pedagogía como necesidad de un cambio social y cultural tras la Primera Guerra Mundial (1914-1919) por encargo de Emil Molt, quien quiso organizar una escuela para los hijos de los trabajadores de su fábrica de cigarrillos Waldorf-Astoria en la ciudad alemana de Stuttgart.

En poco más de diez años, el nuevo modelo educativo ya se había implementado por toda Europa central y Gran Bretaña y, aunque el nazismo supuso el cierre de todas las escuelas, el movimiento reinició su actividad en 1945. No paró de crecer hasta el día de hoy, cuando cuenta con más de mil cien colegios en más de noventa países, además de escuelas infantiles y de educación especial.

El acceso a esta educación y centros no se restringe a criterio cultural, social, económico o religioso alguno. Hay incluso centros Waldorf públicos, como en Finlandia, Suiza o Suecia, concertados, como en España, o privados, como la Waldorf School of the Peninsula (la matrícula anual es de 30 000 dólares) en la ciudad californiana de Mountain View. Otros están totalmente financiados por las familias del centro e instituciones afines.

Podríamos resumir la pedagogía Waldorf en tres grandes pilares:

➡ El primero, y más importante, es que cada niño es diferente y tiene, por ello, un proceso madurativo diferente. Por tanto, se debe averiguar cómo es para poder fomentar y potenciar sus talentos y habilidades.

➡ El segundo se centra en la formación continua (que puede llegar a ser diaria o semanal) del profesorado, tanto con talleres y cursos como con reuniones, para poner en común el desarrollo de cada alumno.

➡ Y el tercero lo ocupa la familia. En estas escuelas, los padres adquieren un papel totalmente activo en la vida educativa y desarrollo de sus hijos, ya que también deben acudir a formaciones, reuniones, talleres, etc.

No encontraremos ni una pantalla en una escuela Waldorf. Todas las herramientas educativas que utilizan forman parte de la vida diaria de cualquier familia: lápices y papel, agujas de coser, barro, calcetines o trozos de tarta para aprender las fracciones.

La propia entidad educativa reconoce que en los primeros cursos no se puede comparar la metodología con ningún otro sistema educativo, ya que ellos no siguen el currículo habitual, especialmente en lo que se refiere a la lectura y las matemáticas. Un análisis sobre las competencias con las que se gradúan los estudiantes en comparación con el resto de los centros no arroja evidencias claras.

Al fin y al cabo, se trata de una cuestión de principios, de valores familiares y de compromiso por parte de los padres en la formación de sus hijos. Quedémonos con esto.

Por supuesto, no hace falta ser un gurú de California para saber que una pedagogía que fomenta las habilidades y aptitudes de cada niño, analizando su proceso madurativo para detectar a tiempo los posibles problemas que puedan tener en el aprendizaje, es ideal y, en última instancia, da igual que se imparta con manzanas, bolsas de guisantes o iPads.

Lo que sí es cierto es que muchas voces de gigantes del sector tecnológico, como eBay, Google, Apple, Yahoo o Hewlett-Packard, han declarado su apoyo total a este método, afirmando que la creatividad y la innovación solo es posible con lápices e interacción humana y que la tecnología a esta edad (durante la educación infantil y primaria) no hace otra cosa que distraer. Piensan que ninguna app en un iPad puede enseñar matemáticas o a leer mejor que una pizarra y tizas de colores.

«Si sientas a un niño pequeño ante una pantalla, limitas sus habilidades motoras, su tendencia a moverse, su capacidad de concentración», afirma Pierre Laurent, exingeniero informático de Microsoft e Intel y presidente del patronato de un centro Waldorf.

Así que, mientras que muchos nos preocupamos por la brecha social que hace que tanto las familias como los centros escolares de los sectores más pobres de la sociedad no puedan adquirir y transmitir las competencias digitales básicas al no tener acceso a la tecnología, muchos de los padres más ricos y poderosos de EE. UU. están volviendo a comprar pupitres de madera y cuadernos para las aulas. De esta manera están reaccionando los «neoluditas» del siglo XXI ante

No es cuestión de prohibir ni censurar, sino de guiar y educar a nuestros hijos.

los riesgos de la digitalización y, por ende, de la alfabetización digital de los menores.

La clave la dio el propio Tim Cook, CEO de Apple, en 2018, cuando afirmó a *The Guardian*: «No todo vale en el uso de la tecnología y la educación. Esta debe aplicarse de manera coherente y en función de las materias». Al igual que hicieron Bill Gates y Steve Jobs, quienes nunca llegaron a postularse taxativamente en contra del uso de la tecnología en casa, aunque sí con matices. El primero no les permitió usar el *smartphone* a sus hijos hasta los 14 años y puso determinadas normas y límites, como evitar su uso en la mesa o antes de dormir. Se trata de medidas acorde a lo que venimos defendiendo todos los que trabajamos en la educación digital para el buen uso de la tecnología en casa.

¿Qué otros aspectos diferencian a las familias de Silicon Valley de cualquiera de las nuestras?

Pues que ellos, en calidad de directivos de grandes empresas tecnológicas, compensarán la falta de adquisición de competencias digitales de sus hijos en el entorno escolar con sus propios conocimientos. En cambio, para muchas familias corrientes, que no cuentan con esta formación ni posición, todo lo que sus hijos no aprendan en el colegio no lo aprenderán fuera del centro.

Así que, en resumen, estamos a favor de la creatividad, la experiencia y la socialización. Pero también de la tecnología, siempre que responda a una metodología y objetivos.

Sin duda, en el equilibrio, y no en la prohibición, está la solución.

Según la cuarta edición del «Informe sobre el impacto de las pantallas en la vida familiar», realizado por empantallados.com y GAD3, el 94 % de los padres dicen que las pantallas van a ser muy importantes para el futuro profesional de sus hijos y el 92 % saben que internet cambia muy rápido el mercado laboral; por tanto, no hay duda de que el aprendizaje digital va a ser necesario.

> **Estamos a favor de la creatividad, la experiencia y la socialización. Pero también de la tecnología, siempre que responda a una metodología y objetivos.**

5 cosas que no debemos olvidar

1. Nosotros, como responsables de la educación de nuestros hijos, tenemos la obligación legal y moral de educar también hoy día en el entorno digital, incluyéndolo como un apartado más de la educación general que procuramos al menor.

2. Aunque los menores tengan una destreza digital que nos pueda llegar a sorprender, no significa que manejen la tecnología con madurez y autocontrol, ni que sepan, por ello, prevenir los riesgos asociados.

3. La edad legal en España para que los menores puedan gestionar sus propios datos es de 14 años (según el Reglamento General de Protección de Datos) y, por tanto, a partir de la cual pueden tener un perfil en redes sociales (aunque las plataformas establezcan sus propias políticas de acceso y edad mínima).

4. Estar preparados para educar en el ámbito digital a nuestros hijos no tiene por qué significar que tengamos que formarnos para adquirir unas competencias digitales. A veces basta saber encontrar la información y recursos que estén a nuestro alcance.

5. No es cuestión de prohibir ni censurar, pues ya sabemos que esta estrategia no es efectiva, sino de guiar y educar.

LAS CONVERSACIONES EN CASA, EL MEJOR CONTROL PARENTAL

«La gente joven necesita modelos, no críticos».
JOHN WOODEN

LA MEDIACIÓN PARENTAL: ¿QUÉ ES Y CÓMO DEBEMOS EJERCERLA?

Las familias velamos en todo momento por la salud y el bienestar de nuestros hijos. Les educamos, les dotamos de alimento y cuidamos. Pero, además, hoy día, en plena era de la digitalización aparece un nuevo término asociado con la labor de los padres y las madres: la *mediación parental*. Se trata del proceso por el cual los responsables del menor lo acompañan en su proceso de alfabetización digital, lo educan para que realice un uso responsable y seguro de las nuevas tecnologías y velan por impedir que los riesgos de la tecnología se materialicen, y, en caso necesario, ofrezcan soluciones.

SISTEMAS DE CONTROL PARENTAL, ¿SÍ O NO? EJEMPLOS PARA CADA DISPOSITIVO Y PARA LAS NECESIDADES DE CADA FAMILIA Y MENOR

El control parental es, como forma de mediación parental, el conjunto de herramientas que utilizamos (apps, plataformas, filtros) para monitorizar la actividad digital de nuestros hijos, controlar los riesgos que pueden encontrar en la red y asegurar su bienestar digital. Dentro de las acciones específicas que presentan la mayoría de los servicios, destacan los siguientes:

- Restringir el acceso a ciertos sitios web y conocer la actividad digital del menor (historial de navegación).
- Geolocalizar su posición y crear alertas.
- Censurar contenidos inapropiados y sitios web no adecuados para su edad (pornografía, webs de apuestas online o que fomenten la violencia u otras conductas peligrosas).
- Evitar que personas desconocidas contacten con ellos (*grooming*).
- Limitar las horas de uso de plataformas digitales (redes sociales, chats, etc.).

Tenemos diferentes opciones y podemos elegir la que mejor se adapte a nuestros hijos o circunstancias familiares: desde los filtros o restricciones que podemos programar en el *router* de casa, los ajustes en los propios dispositivos, *software* con funcionalidades de control parental —como muchos antivirus— hasta controles en el navegador web y aplicaciones concretas.

Todas estas herramientas son especialmente útiles y eficaces cuando los niños son más pequeños, como cuando decidimos darle un *smartphone* a nuestro hijo o hija de 7, 8 o 9 años, ya que sabemos que aún no tienen la madurez para asumir ciertas responsabilidades y posiblemente todavía no hemos podido mantener las suficientes conversaciones en casa. Por ello, contar con unas herramientas tecnológicas que nos ayuden a poner filtros, a limitar contenidos peligrosos o inadecuados, a limitar tiempos y a bloquear publicaciones puede dar seguridad y tranquilidad a las familias que, además, sientan que no han adquirido las suficientes competencias digitales.

En todo caso, debemos tener siempre claro que poner en marcha un sistema de control parental nunca debe excluir o sustituir la supervisión y el control real de los padres y madres.

Podéis ver y probar las funcionalidades PREMIUM de Qustodio escaneando este código QR y accediendo a mi página web:

Herramienta de control parental Qustodio

www.educaciondigitalparafamilias.com

¿Y CON LOS HIJOS A PARTIR DE LA PUBERTAD?

Como es lógico, si a un adolescente de 14 años, en plena ebullición hormonal, le decimos que lo vamos a geolocalizar mediante un sistema de control parental que va a dar cuenta de toda su actividad digital, que va a limitarle el tiempo que pase conectado, etc., las reacciones no se harán esperar. Por mucho que intentemos decirle que es por su bien, que lo hacemos para protegerlo, puede que se niegue a darnos el móvil o que, en cuanto nos descuidemos, consulte un tutorial en Google para saltarse el control parental. No subestiméis a vuestros hijos porque, aunque no lo creáis, a veces podéis tener un pequeño genio tecnológico en casa.

¿QUÉ DIFERENCIA HAY ENTRE ESPIAR Y PROTEGER A NUESTROS HIJOS?

El acompañamiento. Si solo vigilamos y controlamos, nuestros hijos se sentirán espiados, como si les hubiéramos instalado un *spyware* en sus dispositivos. Espiar no educa. En cambio, si les explicamos por qué manifestamos tanto interés en saber lo que hacen, si supervisamos, si lo hablamos, si compartimos nuestra experiencia, nuestros propios fallos y errores, todo aquello que vamos aprendiendo…, se sentirán parte del proceso.

¿Y cómo lo conseguimos?

Si basamos nuestra intervención en los sistemas de control parental, o solamente lo hacemos a través de ellos, será difícil tener éxito. Nuestros hijos no verán vídeos de YouTube o chatearán con sus amigos a las dos de la mañana tan solo porque es el control parental el que los deja sin conexión, no porque entiendan que el uso de dispositivos por la noche afecta a la segregación de melanina y altera el sueño. El día que, en casa de un amigo, en el colegio o con otro dispositivo diferente al suyo se encuentren con contenido pornográfico, no nos lo dirán porque, como sabemos que con los sistemas de control parental nunca van a exponerse a contenido inapropiado, es probable que no hayamos hablado de ello en casa y no les habremos explicado por qué su consumo, a su edad, les puede afectar negativamente.

Por tanto, nuestro objetivo siempre ha de ser el de educar. Educar y formar, y cuanto antes mejor, para que nuestros hijos adquieran unos conocimientos, unos recursos, el espíritu crítico necesario y acaben siendo autónomos en su vida digital. Y para esto lo mejor es conversar, hablar mucho en casa, normali-

No subestiméis a vuestros hijos porque, aunque no lo creáis, a veces podéis tener un pequeño genio tecnológico en casa.

zar el uso de la tecnología, abordar los riesgos, pero también las oportunidades; en pocas palabras, convertirnos en los mejores referentes para nuestros hijos, con y sin tecnología.

Porque el mejor control parental para nuestros hijos siempre seremos nosotros, sus padres.

El mejor control parental para nuestros hijos siempre seremos nosotros, sus padres.

Dicho esto, hay algunas pautas que podemos poner en práctica para que todos, tanto mayores como adolescentes, podamos gestionar el uso de las pantallas en casa y hacerlo de una forma más saludable:

➡ Desactivar las notificaciones de las aplicaciones, especialmente de las herramientas de mensajería, como WhatsApp o Telegram, o de gestión, como Slack.

➡ Configurar el sonido de nuestro móvil para que se active solo con las llamadas, y no para el resto de las funciones.

➡ Limitar el uso de las aplicaciones, sobre todo de aquellas que creamos que más acaparan nuestra atención (Instagram, TikTok, Twitter), o establecer periodos de inactividad, durante los cuales solo estarán disponibles las apps que decidas permitir y las llamadas de teléfono.

➡ Por las noches, poner los dispositivos de los menores en modo avión para que las notificaciones de aplicaciones y juegos no les perturben el sueño.

CÓMO FOMENTAR EL PENSAMIENTO CRÍTICO PARA EVITAR LAS *FAKE NEWS* Y LA DESINFORMACIÓN

Las *fake news* son noticias falsas que se difunden de manera intencionada con el objetivo de engañar y promover inestabilidad o incidir negativamente en la reputación de la gente. Estas noticias las pueden crear y compartir personas a título individual o grupos con diferentes intereses, desde políticos hasta empresas, y se difunden a través de diferentes medios, como redes sociales, canales de mensa-

jería, chats, foros, sitios web o canales de televisión. Por esto la expresión *fake news* no le hace justicia, pues no representa ni el alcance ni la potencial peligrosidad que encierra, ni por su naturaleza ni por el canal por el que se transmiten. *News* («noticia») nos hace pensar en el formato característico o habitual de la prensa, ya sea analógica o digital, pero sabemos que hoy día los «bulos», que es como deberíamos denominar este tipo de desinformación, pueden aparecer en forma de mensaje de WhatsApp o Messenger, captura de pantalla, GIF, meme o DM (mensaje directo), entre otras maneras.

Es importante tener en cuenta que no todas las noticias falsas son necesariamente *fake news*, sino que puede tratarse de errores involuntarios o de distorsión de la verdad sin un objetivo malintencionado.

Con todo, téngase en cuenta que las noticias falsas no son consecuencia exclusiva del mal uso de las nuevas tecnologías —ni tienen por qué asociarse tan solo a ellas—, lo mismo que el *storytelling* no es un invento de la comunicación del siglo XXI (¿quién no ha oído hablar de la magistral dramatización de *La guerra de los mundos*, de Orson Wells?). El problema ha sido que, gracias a la proliferación de estos nuevos canales, y especialmente los digitales por su accesibilidad y usabilidad, la difusión se ha vuelto exponencial.

Debemos tener en cuenta el momento de infoxicación en el que nos encontramos, donde en apenas 60 segundos se envían 41,6 millones de mensajes por WhatsApp y Facebook Messenger, se realizan 3,8 millones de búsquedas en Google, se ven 4,5 millones de vídeos en YouTube y se envían 188 millones de correos electrónicos.

Con tal cantidad ingente de información, ¿podemos, como meros espectadores, diferenciar lo que es verdad de lo que no lo es? Pues podemos y debemos.

¿Cómo? Recurriendo a fuentes fiables, profesionales u oficiales, contrastando las noticias o informaciones, ya sea en diferentes medios o canales o con otras personas con las que podamos debatir sobre estos temas, no difundiendo cadenas de mensajes, fotos o vídeos que recibamos si no estamos seguros de su veracidad (precisamente así es como se viralizan los bulos), no haciendo «*likes* compulsivos o retuits» a noticias muy llamativas (a menudo políticamente partidistas) sobre temas de actualidad en redes sociales sin haber leído sobre ello antes y, sobre todo, educando a las nuevas generaciones en que deben aprender de los errores —sin necesidad de hurgar en ninguna herida— sin creer en lo primero que les aparezca en Instagram.

Los «bulos», pueden aparecer en forma de mensaje de WhatsApp o Messenger, captura de pantalla, GIF, meme o DM (mensaje directo).

Para ello, se hace más que necesaria la implicación de muchos actores. Por un lado, han aparecido grupos de profesionales implicados con la causa que se han convertido en «verificadores de información» o *fact-chekers*, a los que podemos acudir para leer, consultar y preguntar acerca de cualquier duda sobre información vertida en la red: maldita.es o newtral.es son ejemplos españoles de ello. La implicación de las grandes plataformas tecnológicas, como Google, Facebook o Twitter, es fundamental, ya que tienen que actuar de «cortafuegos» de las cadenas de bulos y evitar la proliferación de perfiles falsos creados exclusivamente para la difusión de este tipo de contenido, en especial en campañas estratégicamente diseñadas. Y, por último, las administraciones e instituciones deben regular y legislar para proteger los datos, la privacidad, la intimidad y el honor del ciudadano.

¿Y los adolescentes y jóvenes? ¿Cómo actúan ante tanta información digital?

Según un informe de Pew Research Center elaborado en noviembre de 2018, el 65 % de los jóvenes de entre 18 y 29 años reconocía recibir informaciones a diario a través de las redes sociales y el 37 %

de ellos pensaba que esos contenidos ayudan a las personas de su edad a encontrar información fiable. Más recientemente, en agosto de 2019, SurveyMonkey and Common Sense Media confirmó que más del 75 % de los usuarios encuestados, adolescentes estadounidenses de entre 13 y 17 años, consumía principalmente contenido en redes sociales y similares (YouTube, Facebook y Twitter) para estar informados de la actualidad, frente a un 41 %, que seguía utilizando de manera prioritaria medios analógicos y prensa nativa digital, y un 37 %, cuya fuente preferida era la televisión.

Del mismo informe se desprende una de las grandes preocupaciones que ha conllevado la aparición del ciberperiodismo y, más exactamente, del «periodismo 2.0», por el que hoy en día cualquier ciudadano con un *smartphone* puede grabar, subir a la red y dotar de supuesta legitimidad cualquier información sin que nadie contraste ni verifique si se trata de una fuente fiable o no.

Los jóvenes leen, no cabe duda, pero lo hacen de una forma mucho más superficial e inconstante.

Según Michael Robb, director sénior de investigación de Common Sense, el 60 % de los usuarios que utilizan YouTube como canal informativo lo hacen a través de cuentas de *celebrities* o *influencers*, lo que a menudo pone en entredicho no solo la ética de estas personas, sino la propia calidad y objetividad de la información que transmiten.

Ante tales circunstancias, ¿se podría decir que el texto ha muerto?

Los jóvenes leen, no cabe duda, pero lo hacen de una forma mucho más superficial e inconstante. Por eso debemos adaptar los contenidos de manera diferente, para poder llegar a ellos, para conquistarlos y fidelizarlos. Se suelen redactar artículos muy centrados en el texto, en la experiencia del usuario, pero en última instancia los adolescentes y jóvenes solo quieren acceder a lo que consideran más interesante, que les contemos la parte útil; y, si es en formato vídeo, mejor aún.

Como analiza un informe del Reuters Institute for the Study of Journalism, los jóvenes consumen las noticias de manera discontinua: cuando se levantan, en las apps del móvil (Instagram, Facebook, Snapchat, YouTube…); por la tarde o fines de semana, en *stories*, en podcast o a través de pequeños *copies*.

A los responsables de los medios digitales, de las plataformas y a los periodistas nos toca, por tanto, conocer esta nueva forma de consumir y navegar para que, sin perder la calidad ni sucumbir bajo las garras del *clickbait*, sigamos ofreciendo un contenido de valor que logre destacar en toda esta vorágine de noticias, fotos, vídeos, *snaps*, mensajes, memes, GIF y similares, para que seamos los interlocutores preferidos y nos elijan antes que a determinadas celebridades de la prensa rosa o *youtubers*.

Y, por supuesto, para que los adolescentes y jóvenes sean capaces de reflexionar ante cualquier información que encuentren en la red o, incluso, sepan diferenciar lo que es publicidad de lo que no lo es, debemos enseñarles y fomentar que desarrollen una actitud crítica y comprueben siempre la veracidad de la información antes de creer en ella o compartirla.

Porque, como en tantos otros casos, la clave está en nuestras manos. Como afirma Jeff Jarvis: «El problema no es la tecnología, sino el mal uso que otro ser humano le pueda dar».

Debemos enseñar a los jóvenes a desarrollar una actitud crítica y a que comprueben siempre la veracidad de la información antes de creer en ella o compartirla.

5 cosas que no debemos olvidar

1. La idea fundamental que debemos tener siempre presente es que, para prevenir o minimizar (evitarlos es imposible) posibles riesgos, debemos supervisar la actividad digital de nuestros hijos, no espiarlos.

2. Nuestro deber como padres es acompañarlos y guiarlos, también en el entorno digital, por lo que delegar toda la responsabilidad en el centro escolar no es una opción.

3. Los sistemas de control parental, si bien pueden ser muy eficaces para ayudarnos a gestionar ciertas normas y prevenir riesgos (como el acceso a contenidos inapropiados) cuando nuestros hijos acceden a dispositivos tecnológicos a edades muy tempranas, no educan por sí mismos. Esa es nuestra labor.

4. La mejor forma es hacerlo de manera conjunta con nuestros hijos, no a escondidas; que sepan por qué establecemos unas normas y por qué es bueno para ellos.

5. El objetivo siempre debe ser que vayan adquiriendo poco a poco una autonomía, en este caso digital, para que llegue un momento en que ellos mismos puedan gestionar sus propios dispositivos y perfiles sociales sin nuestra supervisión.

SUS MEJORES REFERENTES, NOSOTROS

«Los que confían en nosotros nos educan».
GEORGE ELIOT

¿POR QUÉ COMPARTIR FOTOS DE NUESTROS HIJOS EN REDES NO SIEMPRE ES UNA BUENA IDEA?

El *sharenting* es un fenómeno más de la era digital. El término se origina de la unión de *share* («compartir») y *parenting* («crianza»), y se puede definir como la publicación por parte de los padres de fotos de sus hijos en redes sociales.

El término lo empezó a usar el diario estadounidense *The Wall Street Journal* en 2003, pero esta tendencia empezó a crecer entre las familias de forma tan exponencial que en 2016 el diccionario británico Collins lo incluyó junto a *Brexit* como palabras del año.

Al mismo año se remonta el primer estudio sobre el fenómeno, «*Sharenting*, la privacidad de los niños en la era de las redes sociales», en el que la abogada estadounidense Stacey Steinberg ya puso de manifiesto una relación directa entre la libertad de publicar cualquier contenido por parte de los padres en internet y la falta de libertad de estos en la decisión de hacerlo.

Cada vez que accedemos a las redes es más común ver como los *newsfeed* están repletos de menores, desde recién nacidos hasta reacios adolescentes que sonríen con incomodidad ante sus padres, en un sinfín de contextos diferentes.

Esto ha hecho que surja una creciente preocupación entre mu-

chos profesionales —psicólogos, especialistas en tecnologías y en delitos telemáticos o abogados de familia—, que han puesto de manifiesto que, más allá del inocente acto de compartir los momentos más felices con nuestros seres queridos, se puede esconder un fin comercial. El hecho de monetizar cada *like* en las publicaciones con alguna marca o, simplemente, debido al gran desconocimiento que tienen algunas familias sobre el mundo digital, se pueden poner en riesgo la seguridad y privacidad de los hijos.

¿CUÁLES SON ESTOS RIESGOS?

Sin duda, el primero de todos, y más grave, es la facilidad con la que un pederasta o un pedófilo podría acceder a la fotografía de nuestro hijo, descargársela de nuestro perfil y utilizarla para cualquier fin ilícito relacionado con la pornografía infantil.

Por ello, no se deben subir nunca a internet fotografías de menores sin ropa, aunque nos puedan parecer inofensivas y familiares por estar en un entorno tan familiar como una piscina o la playa, ya que nunca se sabe dónde puede acabar ese contenido.

Otro riesgo es el acoso al que puede verse sometido el niño, especialmente en el caso de los adolescentes, por parte de sus propios compañeros de estudio, al ver publicadas ciertas fotografías hechas por sus progenitores. Podría dar lugar a un caso de lo que conocemos como *bullying*, que en el caso de internet se conoce como *ciberbullying*.

En la actualidad documentamos la nueva vida de un hijo prácticamente desde que está en el vientre de la madre: publicamos la foto del parto con gran cantidad de información, el nombre del bebé, el lugar del nacimiento, el peso, etc. Por lo que, con el paso del tiempo, cualquier persona podría suplantar la identidad del menor en la red, creando un perfil con el nombre y fotografías del niño, lo que elevaría el riesgo de come-

El hecho de publicar ciertas fotografías hechas por los progenitores podría dar lugar a un caso de lo que conocemos como *bullying*.

ter estafas, fraudes, hackeos, robos y numerosos ciberdelitos en nombre del menor.

Como nos explica la periodista y experta en seguridad informática Mónica Valle en su libro *Ciberseguridad. Consejos para tener vidas digitales más seguras*, en caso de suplantación, si alguien abre un perfil con el nombre, fotografía y datos personales del niño, se produciría un caso de usurpación de identidad, penado por el artículo 401 del Código Penal con hasta tres años de cárcel.

También subimos fotografías de su primer día de colegio, orgullosos y felices por captar ese momento, pero no nos paramos a pensar que de esta manera estamos informando a desconocidos, posibles pervertidos o delincuentes entre ellos, del centro escolar al que va nuestro hijo y, por tanto, de la dirección y los horarios que sigue.

Si vamos un paso más allá, ¿sabemos qué opinan los propios niños de ello? ¿Les preguntamos si están de acuerdo en publicar esas fotografías? ¿Acaso no tienen derecho a decidir? ¿Qué daño les puede causar en el futuro ver toda su vida publicada en Facebook?

Lo primero que debemos tener en cuenta es que los niños son personas y, como tales, titulares de derechos. El artículo 4 de la Ley Orgánica de Protección Jurídica del Menor establece lo siguiente sobre el derecho al honor, a la intimidad y a la propia imagen:

1. Los menores tienen derecho al honor, a la intimidad personal y familiar y a la propia imagen. Este derecho comprende también la inviolabilidad del domicilio familiar y de la correspondencia, así como del secreto de las comunicaciones.

2. La difusión de información o la utilización de imágenes o nombre de los menores en los medios de comunicación que puedan implicar una intromisión ilegítima en su intimidad, honra o reputación, o que sea contraria a sus intereses, determinará la intervención del Ministerio Fiscal, que instará de inmediato las medidas cautelares y de protección previstas en la Ley y solicitará las indemnizaciones que correspondan por los perjuicios causados.
3. Se considera intromisión ilegítima en el derecho al honor, a la intimidad personal y familiar y a la propia imagen del menor cualquier utilización de su imagen o su nombre en los medios de comunicación que pueda implicar menoscabo de su honra o reputación, o que sea contraria a sus intereses incluso si consta el consentimiento del menor o de sus representantes legales.
4. Sin perjuicio de las acciones de las que sean titulares los representantes legales del menor, corresponde en todo caso al Ministerio Fiscal su ejercicio, que podrá actuar de oficio o a instancia del propio menor o de cualquier persona interesada, física, jurídica o entidad pública.

Por tanto, la decisión de compartir una foto de los hijos en una red social pertenece a la esfera de la patria potestad. Y somos nosotros, los padres, dentro de este deber obligatorio, irrenunciable, imprescriptible e intransferible, los que estamos obligados a velar por la seguridad y el bienestar de nuestros hijos.

Cada niño es totalmente diferente y, por tanto, no sabemos cómo puede asumir esta circunstancia. Para algunos será gratificante contar con un álbum digital de toda su infancia y verse rodeados de la familia y los amigos más cercanos, pero para otros, quizá los más retraídos, esa sobreexposición podría suponerles serios problemas de autoestima.

Como sabemos, todavía no se garantiza el cumplimiento fehaciente del derecho al olvido de Google en caso de que la persona afectada desee eliminar cualquier rastro que sus progenitores hubieran dejado en el pasado y que, por ende, le pudiera perjudicar en la vida adulta (de cara a conseguir un empleo, entablar una relación sentimental o en cualquier otra faceta de su vida personal). Es su huella digital lo que está en juego.

Una posible situación es que los progenitores estén separados o divorciados y una de las partes, normalmente el custodio del menor, lleve a cabo la publicación indiscriminada de fotos en las redes sociales.

Como suele explicar Delia Rodríguez, abogada de familia y fundadora del bufete de abogados Vestalia Asociados, ante estas situaciones, el alto tribunal declara que, si uno de los progenitores quiere publicar fotos de los hijos en común en sus redes sociales y el otro progenitor se opone, el primero deberá solicitar autorización judicial a través de un procedimiento de jurisdicción voluntaria. Además, cualquiera de los excónyuges podrá solicitar, vía judicial, que se borren todas las fotografías del menor publicadas en las redes sociales.

La decisión de compartir una foto de los hijos en una red social pertenece a la esfera de la patria potestad.

Este pleito puede tener lugar hasta que el menor cumpla 14 años, pues a partir de esa edad es él, y no sus padres, quien debe dar su aprobación para que se publiquen imágenes propias.

Otra situación bastante habitual es la de las madres *influencers* (más raro es el caso del padre *influencer*). No se trata de famosas o personajes públicos, sino de mujeres que, en vez de tener perfiles privados en redes sociales, comparten toda su actividad, incluidas las fotos con sus pequeños, en *fanpages* públicas indexadas por los buscadores.

El artículo 3 de la Ley Orgánica 1/1982, de 5 de mayo, sobre Protección Civil del Derecho al Honor, a la Intimidad Personal y Familiar y a la Propia Imagen establece en su apartado 1: «El consentimiento de los menores e incapaces deberá prestarse por ellos mismos si sus condiciones de madurez lo permiten, de acuerdo con la legislación civil». Y en el apartado 2: «En los restantes casos, el consentimiento habrá de otorgarse mediante escrito por su representante legal, quien estará obligado a poner en conocimiento previo del Ministerio Fiscal el consentimiento proyectado. Si en el plazo de ocho días el Ministerio Fiscal se opusiere, resolverá el juez».

Ante lo planteado podría surgir el siguiente dilema: ¿y si una marca de ropa infantil toma una de esas fotos, que hubiera encontrado a través de un buscador, y la utiliza para ilustrar una camiseta de su próxima colección? ¿Sería legal? ¿Y si la encontrara en un blog sobre familia? ¿Qué podríamos hacer al respecto como padres del menor?

En tal caso, tendríamos que considerar si ha habido un fin delictivo o comercial en el contexto en el que se han utilizado las imágenes para poder emprender acciones penales o civiles —en los casos menos graves— por vulneración del derecho a la imagen de los menores y a la intimidad.

Ante estas circunstancias, es lógico que nos preguntemos por las medidas que deberíamos tomar si decidimos compartir imágenes de nuestros hijos en internet. Dejamos algunas recomendaciones para todos aquellos padres que quieran proteger la privacidad de sus hijos:

➡ Es fundamental que siempre comprobemos los ajustes de privacidad de las plataformas donde tengamos actividad y nos aseguremos de qué información hacemos pública sobre nuestros hijos o si, en cambio, solo la estamos compartiendo con familiares y amigos.

➡ Es recomendable que configuremos nuestro perfil para que en redes como Facebook esté activada la opción para limitar lo que ven nuestros contactos.

➡ También deberíamos desactivar las funciones de ubicación y geolocalización a la hora de compartir las imágenes para, así, no dar demasiada información sobre la vida privada del menor, sobre todo si no estamos completamente seguros de quién puede acceder a esos datos.

➡ Buscar en la red cualquier información (sobre todo fotos o vídeos) que se pueda haber publicado de nuestros hijos en internet (en redes sociales, foros, blogs, chats, etc.). Sería una forma de *egosurfing* (buscarse a uno mismo para comprobar qué información hay en la red), pero enfocado a nuestros hijos.

➡ Si realmente queremos proteger su identidad y mantener su privacidad, hay que evitar que se les vea el rostro, aunque se trate de una fotografía familiar.

10 cosas que no debemos olvidar

La Agencia Española de Protección de Datos y la iniciativa PantallasAmigas han publicado unas recomendaciones para que las familias eviten los riesgos del *sharenting*:

1. Existe la obligación de cuidar la imagen e intimidad de los menores, no el derecho de hacer un uso arbitrario de ellas.

2. Los hijos no ganan nada con la publicación de las imágenes.

3. Puede haber distintos criterios sobre qué publicar y cómo los progenitores comparten las imágenes.

4. Es posible que los progenitores no sean conscientes de cómo se están difundiendo esas imágenes una vez que se comparten.

5. Existen otras formas más seguras para compartir imágenes.

6. Habitualmente se comparte más información que la que se aprecia a simple vista. Una imagen inocente puede contener detalles de contexto importantes e incluso datos de geolocalización.

7. Al compartir las imágenes con otras personas, estas pueden asumir que las pueden publicar a su libre arbitrio y que las imágenes no son privadas.

8. Lo que se publica escapa del control de quien lo hace, para siempre. Cuando algo aparece en una pantalla, es susceptible de que alguien haga una captura y la reutilice.

9. Compartir imágenes de otras personas sin su consentimiento puede ser una infracción de la normativa de protección de datos. No es un buen ejemplo para nadie, menos aún para los menores de edad.

10. En ocasiones extremas puede comprometerse la seguridad de los demás miembros de la familia.

LA TECNOLOGÍA EN EL HOGAR. APRENDAMOS EN FAMILIA

«El educador es la persona que hace que las cosas difíciles parezcan fáciles».
RALPH WALDO EMERSON

LA PRIMERA CONEXIÓN: EL *ROUTER* Y LA WIFI

El porcentaje de hogares que dispone de conexión a redes de acceso de nueva generación NGA en España no ha parado de incrementarse entre 2011 y 2020. Más del 92 % tenía ya en 2020 este tipo de tecnologías. Además, en 2019, el 91 % de los hogares españoles contaba con acceso a internet, lo que supone un aumento de cinco puntos porcentuales con respecto a 2018. En cuanto a la penetración de internet entre la población española desde 2015, los datos que nos ofrecen las estadísticas del portal Statista revelan un crecimiento continuo del número de usuarios en España, con un porcentaje superior al 80 % en 2019.

Con estas cifras, lo que queda claro es que prácticamente en todos los hogares hay acceso a internet y, por ello, debemos tener unos conocimientos mínimos para garantizar la seguridad y la protección de los datos en casa.

El *router* o la wifi es la puerta de acceso, a través de los dispositivos, a todo el *malware* y ciberdelitos de los que podemos ser objeto sin salir de casa. Por ello:

➡ Es fundamental que cambiemos frecuentemente (lo ideal sería cada treinta días) la contraseña del terminal y no dejar, como suele hacer la mayoría de la población, los datos tal como vienen preconfigurados de serie por la compañía de telefonía.

→ Además, si teletrabajamos desde casa, es recomendable que tengamos configuradas dos cuentas de wifi, una para los miembros de la familia (o solo para nosotros) y otra para quienes vengan a visitarnos.

→ Una opción recomendable es contar con una conexión VPN (*virtual private network*), que es un tipo de *software* que crea una conexión segura a internet entre el usuario y el sitio web o la aplicación a la que se está intentando acceder, aunque sea pública, y que oculta nuestra dirección IP. Así aumentaremos la seguridad de nuestros datos y evitaremos cualquier riesgo o ataque.

También tenemos que saber que muchos de los *routers* que se venden en el mercado ofrecen la posibilidad de configurar controles parentales, lo que nos permite limitar o restringir las horas de conexión de los dispositivos de los menores, entre otras opciones.

¿Y QUÉ PASA CON LAS REDES DE WIFI PÚBLICAS?

Cuando viajamos, especialmente si lo hacemos con adolescentes y jóvenes, a menudo aprovechamos, para evitar el consumo de datos de nuestras tarifas, las cada vez más frecuentes ofertas de redes de wifi públicas: bares, restaurantes, hoteles, aeropuertos, tiendas, etc. Sin embargo, debemos saber que esta práctica es sumamente desaconsejable, pues muchos de los riesgos informáticos que podemos sufrir al conectarnos pueden acarrearnos más de un problema.

Lo que *a priori* consideramos una forma de «wifi gratis» puede esconder en realidad a un ciberdelincuente que intenta acceder a los terminales o dispositivos de los usuarios que están cerca para instalarles algún tipo de *malware* y, a través de él, realizar un uso fraudulento:

→ Acceder a nuestro ordenador o móvil y leer cualquier tipo de información que transmitamos (email, información en redes sociales, SMS, etc.).

→ Hacerse con las contraseñas de nuestras cuentas.

→ Acceder a las fotos y lista de contactos.

Por ello, se recomienda no utilizar nunca estos servicios o, en caso de hacerlo, no realizar ningún tipo de actividad que ponga en riesgo nuestra seguridad o privacidad, como supondría acceder a nuestras cuentas bancarias, plataformas profesionales, aplicaciones médicas o redes sociales.

EL ORDENADOR. ¿DÓNDE DEBE ESTAR?

Hay hogares donde, además de tabletas o móviles, los menores también disponen de un portátil. Esta tendencia se acentuó especialmente a partir del 2020, ya que, con la alarma sanitaria por COVID-19, la mayoría de ellos tuvieron que estudiar en línea la mayor parte del tiempo.

¿CÓMO PODEMOS HACER UN USO SEGURO DE ESTOS DISPOSITIVOS?

Si es posible, lo más recomendable es que los menores no compartan el mismo dispositivo con el que nosotros trabajamos —donde guardamos los datos del trabajo—, aunque sabemos que no siempre es posible en todos los hogares. Por lo que, si fuera así, será imprescindible crear un usuario diferente para que cada miembro de la familia cuente con una sesión separada.

Debemos tener el ordenador siempre actualizado, con aplicaciones y programas oficiales (no ilegales) para evitar la posible entrada

Es muy recomendable que los menores no utilicen el mismo dispositivo con el que nosotros trabajamos.

de *malwares*, así como un antivirus que rastree posibles *links* o ataques maliciosos, webs no seguras, etc.

Debemos proteger el ordenador, al igual que el *smartphone* o cualquier otro dispositivo tecnológico personal, con contraseñas robustas (que contengan números, mayúsculas, minúsculas...) que no sean fáciles de adivinar (evitar nuestro nombre, apellidos, el de nuestros hijos o de las mascotas, años de nacimiento, etc.) y, sobre todo, no usar la misma contraseña en todos los dispositivos y servicios de internet (redes sociales, cuenta de correo electrónico, banco, comercio electrónico). Si una de estas plataformas es objeto de hackeo y roban nuestros datos de acceso, con ellos podrían entrar en el resto de las cuentas y perfiles.

Cuando nuestro hijo comienza a hacer uso de internet es necesario que configuremos las contraseñas de los dispositivos y canales sociales y que las guardemos. Si en un momento dado se produce un intento de robo de identidad, por ejemplo, y tenemos que entrar en la cuenta para comunicarnos con la plataforma o con los cuerpos de seguridad, debemos conocer todos los datos de acceso.

SUPERVISAR LA ACTIVIDAD ONLINE DE LOS MENORES

Hasta ahora siempre se recomendaba que el ordenador estuviera en un lugar visible, como el salón o la sala de estar, para que nuestros hijos no se encerraran en su habitación sin control alguno de horarios ni de contenidos. Sin embargo, uno de los cambios que ha conllevado la pandemia y el confinamiento es que, con toda la familia teletrabajando y estudiando desde casa, ha sido necesario encontrar espacios de intimidad —por lo general, en las habitaciones— para que cada uno se pueda concentrar en sus tareas.

Con todo, si los niños son todavía pequeños (hasta los 10 o 12 años) siempre es una buena opción que estén con nosotros mientras se dedican a sus actividades, al igual que les ayudamos con los deberes escolares. Aunque lo cierto es que, cuando tengan que estudiar, necesitarán estar en un espacio que les permita concentrarse.

A muchas familias les supone un problema cómo establecer con sus hijos las normas de uso del ordenador cuando este dispositivo se usa tanto para las tareas escolares como para el ocio. Sin duda, por mucho que creamos que las generaciones actuales son «multitarea», realmente lo que les caracteriza es que tienen mucha habilidad para cambiar rápidamente de una actividad a otra, ya sea analógica u online. Pero esto no significa que puedan prestar la atención que requieren todas las actividades. Esto es, si están haciendo los deberes no deberían tener de fondo un directo de Twitch o un vídeo de YouTube, por mucho que nos aseguren que no los desconcentra.

Por tanto, para poder supervisar, incluso en un ambiente de gran confianza —que deberíamos haber logrado de manera natural—, no estaría de más que los menores dejaran la puerta de su habitación abierta cuando estudien o hagan los deberes.

LOS ALTAVOCES INTELIGENTES Y ASISTENTES DE VOZ

¿Os imagináis tener a un señor sentado en el salón de vuestra casa las veinticuatro horas del día? ¿Y que, cuando llegan los familiares o los amigos, empecemos a interrogarle para demostrar cuánto sabe de nosotros y de todo el universo con frases como «Señor, ¿cómo me llamo?», «¿Cuántos años tengo?» o «¿Va a llover hoy?»?

Pues algo muy similar ocurre hoy día en muchos hogares. «Señores» y «señoras» que, con energía ilimitada, atienden nuestras demandas cualquier día a cualquier hora, ¡con solo decirles un simple «Ok» o «Hey»! Son los asistentes de voz y altavoces inteligentes. Y han llegado para quedarse.

¿Para qué usamos los altavoces inteligentes principalmente? Según un estudio de Adobe Digital Insights, principalmente para escuchar música (en un 70 % de las ocasiones) y para hacer consultas meteorológicas (en un 64 %).

Estos dispositivos también pueden incluir funcionalidades, o *skills*, que hacen partícipes a terceros: fabricantes de material eléctrico y de construcción (enchufes, persianas, bombillas, sistemas de calefacción, etc.) que conectan los asistentes con nuestro hogar, convirtiéndolo de esta forma en una casa domótica.

Sin embargo, durante los próximos años lo que más se va a desarrollar es lo que se conoce como experiencias personalizadas para el usuario, que se basan en la comprensión contextual y cognitiva: el asistente llamará por nosotros a comercios, empresas o clientes, nos concertará citas y nos las incluirá en la agenda según nuestra disponibilidad.

> **En los próximos años se va a desarrollar lo que se conoce como experiencias personalizadas para el usuario, que se basan en la comprensión contextual y cognitiva.**

Los asistentes de voz más populares y utilizados son Google Assistant, Siri (Apple), Alexa (Amazon), Cortana (Microsoft) y Bixby (Samsung). Han alcanzado gran fama gracias a los altavoces inteligentes y a la integración de serie de muchos de ellos en los *smartphones* (no tardaremos en comprobar cómo llegan a más dispositivos, como televisores, frigoríficos o lavadoras).

¿QUÉ PASA CON LA PRIVACIDAD?

De la misma manera que en los últimos dos años se ha producido un incremento exponencial de las ventas de estos dispositivos, también ha sido exponencial la alarma social que se ha ido creando en torno a ellos. Son habituales este tipo de afirmaciones: «Tener a un asistente de voz en casa es peor que meter a un extraño y tenerlo día y noche en tu sofá», «Te espían, oyen tus conversaciones, las graban», «Venden tus datos a terceros», «¡Pueden meternos un troyano y violar nuestra intimidad!».

Como ocurre con todas las tecnologías, cuando uno incorpora una nueva a su vida, debe saber qué ha comprado y qué seguridad y confianza le ofrece, tanto si es con un *smartphone*, una *smart TV* o cualquier otro dispositivo.

En todo el mundo occidental, especialmente en Europa tras la reciente creación del Reglamento Europeo de Protección de Datos (RGPD), estamos muy comprometidos con la protección de datos, ya que entendemos que debe amparar siempre al usuario. Sin embargo, no ocurre lo mismo en otras partes del planeta. En algunos países asiáticos el dato se considera un bien común, no es un aspecto intrínseco de la persona y, por tanto, no es obligación del Estado proteger la privacidad ni garantizar la inviolabilidad del ámbito privado.

Ante este hecho, ¿te comprarías un asistente de voz fabricado en China u optarías por uno occidental que te garantice unas políticas de privacidad establecidas?

Según explica Tomás González, responsable de Marketing y Desarrollo de Negocio de Kabel, *partner* de Microsoft, y experto en inteligencia artificial, en la última convención de Microsoft en Las Vegas, la legislación va muy por detrás de la tecnología, especialmente en lo relativo a inteligencia artificial. Por ello, las grandes tecnológicas han planteado convertirse en asesoras de los países y sus Gobiernos para ayudarles a legislar ante este reto tecnológico. La Francia de Emmanuel Macron se ha convertido en pionera en este sentido.

Lingüistas rastreadores

Entremos de lleno en la parte que nos afecta: ¿nos escuchan o no nos escuchan? En realidad, pueden, pero no lo hacen las veinticuatro horas del día. Según recientes declaraciones del responsable de Producto de Google, David Monsees, utilizan equipos de lingüistas que rastrean y escuchan aleatoriamente conversaciones con el objetivo de mejorar el sistema cognitivo para que los dispositivos puedan entender mejor lo que les decimos.

En total, analizan un 0,2 % de las grabaciones de nuestras conversaciones con la familia, los amigos, la pareja, etc.

Debemos entender cómo funciona un asistente virtual. Tomemos, por ejemplo, el motor de inteligencia conversacional LUIS (Language Understanding Intelligent Service), que utilizan Microsoft o Amazon, un servicio basado en *machine learning* para lograr una comprensión lingüística natural. Este sistema de inteligencia artificial debe ir aprendiendo de patrones (mediante la conjunción del reconocimiento de voz y una serie de algoritmos de *machine learning*) y estos solo pueden alimentarse de ejemplos de comportamiento humano natural.

¿Nos espía más un altavoz o un smartphone?

En realidad, la pregunta que deberíamos hacernos es la siguiente: ¿por qué solo nos preocupamos de los altavoces inteligentes cuando llevamos un dispositivo encima las veinticuatro horas del día que puede monitorizar y rastrear prácticamente todos nuestros datos?

Cuando una app nos solicita permiso para acceder a la cámara, al micrófono o a la agenda, y esta petición no tiene nada que ver con la funcionalidad en sí de la aplicación, es mejor no descargarla o, al menos, rechazar todos los permisos. En caso contrario, estaremos abriendo la posibilidad de que funcionen en segundo plano y, sin nuestro consentimiento, hagan capturas de pantalla, tomen fotos o graben vídeos y lo manden a un servidor externo.

No confiemos ciegamente en el altruismo de las compañías que diseñan aplicaciones gratuitas.

Es en este momento cuando entra en juego el sentido común y la responsabilidad. Por lo tanto, no confiemos ciegamente en el altruismo de las compañías que diseñan aplicaciones gratuitas. Hay una máxima cuyos términos deberían respetarse siempre en el mundo digital y permanecer siempre inalterables: ética, humanidad y tecnología.

5 cosas que no debemos olvidar

Habida cuenta de que los dispositivos son, al fin y al cabo, una puerta abierta a un mundo infinito de información, sin filtros de edad, ¿cómo enseñar a nuestros hijos a hacer un buen uso de ellos? Téngase en cuenta lo siguiente:

1. El altavoz inteligente, al igual que Google, no es nuestro «profesor particular» ni va a hacer los deberes por nosotros. Por lo que no debería utilizarse de calculadora cuando nos da pereza pensar, de atlas geográfico, de buscador de biografías, etc.

2. No es recomendable presumir cuando vengan los amigos a casa para demostrarles que vivimos en una casa inteligente y jugar con el dispositivo para ponerlo a prueba y que adivine qué sabe acerca de nosotros o que nos diga obscenidades (recordemos que funcionan con algoritmos que aprenden por sí mismos de todo lo que escuchan y la información que les pedimos).

3. Como con cualquier tecnología, no adquiramos lo más barato por principio. Es mejor no disponer de tecnología *wereable* o de altavoz digital que comprar uno procedente del mercado asiático. ¿Por qué? Por una mera cuestión de garantías de nuestra privacidad y nuestros datos.

4. No es un mito que resulta sencillo hackear una red de wifi pública. Por ello, además de los menores, nosotros tampoco debemos conectarnos a ellas en restaurantes, aeropuertos o centros comerciales, especialmente si vamos a realizar alguna acción en que pueda verse comprometida información de carácter personal.

5. Y, como siempre decimos, no es cuestión de «demonizar ni de tener miedo», sino de utilizar cada dispositivo con responsabilidad.

VAMOS A ORIENTAR, ACOMPAÑAR, SUPERVISAR Y EDUCAR A NUESTROS HIJOS, CON Y SIN TECNOLOGÍA

«A menudo damos a los niños respuestas que recordar en lugar de problemas por resolver».
ROGER LEWIN

Infosurfing, vamping, phubbing, ghosting, orbiting, burnout parental...

Si el tiempo que invertimos en acuñar términos de síndromes megamodernos lo dedicáramos a diseñar recursos para minimizar la brecha digital y formar en competencias digitales, la situación sería bien diferente.

Poseer tecnología no implica saber de tecnología, y ahí radica el problema en la educación.

«La competencia digital implica el uso seguro, saludable, sostenible, crítico y responsable de las tecnologías digitales para el aprendizaje, en el trabajo y para la participación en la sociedad, así como abarca nuestra interacción con dichas tecnologías». (Ministerio de Educación y Formación Profesional, Gobierno de España)

> **Poseer tecnología no implica saber de tecnología, y ahí radica el problema en la educación.**

LO QUE NOS DICEN LA CIENCIA Y LOS PROFESIONALES SANITARIOS RESPECTO AL USO DE LA TECNOLOGÍA

Numerosos estudios estadounidenses ponen de manifiesto cómo casi la mitad de los bebés de seis meses tienen acceso a las tabletas o *smartphones* de sus padres. Con bastante probabilidad en España la situación sea similar. ¿Cuáles son las razones? Los principales motivos a los que aluden los padres para confiar en estos «chupetes digitales» son que así pueden ocuparse de las tareas domésticas (70 %), mantener entretenidos —por ende, quietos— a los bebés (65 %) y dormirlos (29 %).

Según la mayoría de los autores actuales, existe unanimidad acerca de que hay evidencias incuestionables sobre el efecto negativo de la exposición de los menores a las pantallas (no solo a los dispositivos digitales, sino también a la televisión) a edades tempranas. Todos ellos remiten a la Academia Estadounidense de Pediatría (AAP): «El contenido audiovisual dirigido a los menores de dos años, incluso aquellos programas que se anuncian como educativos, no tiene ninguna utilidad para estimular las capacidades cognitivas y sociales del menor». Y, además, agrega: «Podrían llegar a tener un impacto negativo en su desarrollo (obesidad, aburrimiento crónico, dificultad en el aprendizaje del lenguaje, etc.)». Por ello, se afirma

Hay evidencias incuestionables sobre el efecto negativo de la exposición de los menores a las pantallas a edades tempranas.

que pueden mermar significativamente la capacidad de atención y que puede haber incluso una correlación directa entre el tiempo de exposición a la televisión de los menores de tres años y los trastornos por déficit de atención e hiperactividad que se detectan tiempo después, cumplidos los siete años (Christakis/Zimmerman/DiGiuseppe/McCarthy; 2004).

Recordemos las pautas o directrices que marcan las asociaciones de pediatría internacionales, como apuntábamos al comienzo de este libro:

➡ En los bebés hasta 18-24 meses, debemos evitar la exposición a las pantallas. ¿Por qué? Porque a estas edades, los estímulos y, por tanto, el aprendizaje, se producen gracias a la luz, el color y el movimiento, y si les estamos sobre estimulando digitalmente a todas horas, lo que conseguiremos es un efecto contrario.

➡ De los 2 a los 5 años se tiene que limitar el uso de los dispositivos digitales entre media y una hora al día, siempre que los contenidos sean de alta calidad y los menores estén supervisados en todo momento por nosotros, ya sea presencialmente o con controles parentales.

¿Esto significa que no podemos ponerles dibujos, contenidos musicales o descargarles aplicaciones infantiles a nuestros hijos de menos de tres años en una tableta o *smartphone*? Pues, obviamente, no es necesario llegar a tal extremo.

Lo que nos recomiendan los expertos es que no utilicemos estos dispositivos como «chupete digital», como muchas veces vemos, cuando niños de edades tan tempranas pasan horas conectados mientras teletrabajamos, comemos más relajadamente en un restaurante o hacemos la compra en un centro comercial.

Más que obsesionarnos con limitar el tiempo, lo que debemos hacer es procurar que realicen actividades diversas e, igual que usan la tableta, que pinten o correteen por el parque.

MENORES DE 4 A 6 AÑOS

Como ya hemos abordado, al igual que vemos titulares que nos instan a alejar a los menores de las pantallas, podemos leer opiniones de expertos que nos explican que esa determinación carece de sentido hoy día. Jordi Adell, director del Centro de Educación y Nuevas Tecnologías de la Universidad Jaume I, explica que lo importante es no dejarlos solos con las pantallas ni prohibirles utilizarlas: «Los niños tienen que experimentar con el entorno que los rodea. Tienen que mirar, tocar, jugar, explorar, probar y relacionarse con otras personas. Y las TIC forman parte de su entorno habitual».

Silvia Lovato y Sandra Waxman publicaron en 2016 un estudio centrado en menores de 3 años titulado «Young Children Learning from Touche Screens: Taking a Wider View» («Niños pequeños que aprenden de las pantallas táctiles: un enfoque más amplio»). Según este trabajo, las pantallas táctiles enseñan a los menores de 18 meses a detectar patrones de conducta «y, tal vez lo más notable, a aprender palabras nuevas». Hay profesionales que las usan para desarrollar habilidades motoras, incentivar la estimulación precoz o, incluso, para abordar y tratar problemas como el autismo.

APRENDER JUGANDO. LAS TABLETAS Y LAS APLICACIONES EDUCATIVAS

Si estamos trabajando o teletrabajando y nuestros hijos pasan muchas horas en casa, hay actividades que pueden realizar para alternar con el tiempo que pasan ante las pantallas. Incluimos a continuación algunas ideas:

➡ **Ejercicios Matutinos para Niños.** App para hacer ejercicio de manera divertida, siguiendo la animación que se muestra en la

pantalla. Es una buena estrategia para incentivar la actividad física durante el tiempo que están en casa.

➡️ **Respira, Piensa, Actúa.** App con la que los niños podrán aprender algunas técnicas de relajación, así como diversos ejercicios para estimular su concentración y regular sus emociones.

➡️ **Anatomy Learning**. App concebida por médicos y expertos en anatomía para descubrir la anatomía y los distintos sistemas del cuerpo humano.

➡️ **Zen Studio Dactilopintura**. App para pintar con los dedos. Estimula la relajación gracias a la música que se genera y a la gama de colores disponibles.

➡️ **Toontastic**. Es una de las mejores apps para desarrollar la creatividad de los más pequeños. Con ella podrán crear sus propios cómics e historias animadas, darles movimiento y añadir voz o música.

MENORES DE 7 A 11 AÑOS

CONSOLAS Y VIDEOJUEGOS. ¿JUGAMOS SOLOS O JUGAMOS EN FAMILIA?

¿Se puede educar con videojuegos? Sí, y además de forma saludable y creativa.

No hemos de alejar a los niños de las pantallas, sino precisamente lo contrario: motivémoslos y fomentemos que con ellas hagan un uso creativo e innovador.

Son muchas las iniciativas pedagógicas que utilizan los videojuegos para enseñar en distintos ámbitos y que podemos implementar tanto en casa como en los centros escolares. Se trata de una forma de enseñanza que se empezó a utilizar en la década de 1970.

Está más que probado que introducir la gamificación por videojuegos en los proyectos educativos para adquirir conocimientos de una forma implícita y natural ayuda a los más jóvenes a desarrollar habilidades y a su capacidad de encontrar diferentes maneras de resolver los problemas. Sin embargo, siempre habrá una comunidad de detractores que, de forma determinante, califique el sector de los videojuegos y el *gaming* como adictivo y afirmen que genera violencia, aislamiento social y que inculca valores sexistas.

En realidad, dentro del sector educativo de los videojuegos podemos encontrar una variedad de ejemplos, desde los centrados en geografía e historia para aprender otras culturas e identificar zonas geográficas, como *PlaceSpotting* o *Sid Meier's Civilization VI*, hasta videojuegos de física para aprender a resolver problemas, como *Human Fall Flat*, o de carácter multidisciplinar —que integran informática, ciencias naturales y matemáticas—, como *GCompris, Immune Attack, Torre del Conocimiento y Flippy's Tesla! Inventemos el Futuro.*

Pero, sin duda, el proyecto que más ha aportado a la fórmula pedagógica que une tanto a niños como a docentes y centros educativos ha sido *Minecraft Education.* Su propio creador, Joel Levin, cofundador de TeacherGaming LLC, nunca imaginó el éxito que alcanzaría. Este videojuego fomenta el desarrollo de competencias como la creatividad, el pensamiento crítico y el trabajo en equipo, ya que siempre se trabaja con los compañeros de clase en modo multijugador y, lo más importante, en un entorno totalmente seguro.

Dicho esto, y por todo lo visto, mi reflexión me lleva a concluir que no hemos de alejar a los niños de las pantallas, sino precisamente

lo contrario: motivémoslos y fomentemos que con ellas hagan un uso creativo e innovador. Como figura en el propio videojuego *Minecraft Education*: «Prepara a los alumnos para el trabajo del futuro ayudando a desarrollar habilidades como la colaboración, la resolución creativa de problemas, la comunicación y el pensamiento sistémico».

UN VIDEOJUEGO PARA CADA EDAD: EL CÓDIGO PEGI

Al igual que lleva ocurriendo desde hace mucho tiempo con las películas o los programas de televisión, el código PEGI es un sistema europeo de clasificación y recomendación para que las familias sepan, a la hora de adquirir un videojuego en un establecimiento o tienda de aplicaciones (como Google Play), el tipo de contenido y, por ello, la edad mínima óptima para su uso.

El sistema recurre en sus etiquetas a una serie de símbolos que indican los contenidos de riesgo que se pueden encontrar en el videojuego, como escenas violentas, de carácter sexual o de miedo, lenguaje inapropiado, juegos de azar, imágenes de tabaco, alcohol o drogas ilegales. Y, sobre la base de estas indicaciones, figura asimismo la edad mínima recomendada para el usuario.

Las plataformas o juegos online se rigen, en este caso, bajo PEGI online, que es el que acredita que se cumplan todos los requisitos de seguridad y privacidad.

De todas maneras, se trata de un dato orientativo, pues, como bien sabemos, cada niño demuestra un desarrollo diferente. Por tanto, será fundamental la supervisión que hagamos de los videojuegos de nuestros hijos, y no solo de si son recomendados para su edad. En este sentido un dato importante es saber si en ellos tienen la posibilidad de hacer compras.

Sin embargo, no siempre lo hacemos. El 54,7 % de los adolescentes que juega habitualmente lo hace a videojuegos no adecuados para menores de 18 años, como *Call Of Duty* (29,2 %), *Grand Theft Auto GTA/Red Dead Redemption* (28,7 %) o *Counter-Strike* (11,1 %), títulos con contenidos de violencia explícita. ¿Por qué? Según el informe que realizó TOTTO y Educar es Todo en 2022, el 80 % de los españoles de 30 a 65 no saben lo que son o significan las siglas PEGI.

LOS RIESGOS Y CÓMO PREVENIRLOS

CHATEAR CON DESCONOCIDOS

Al igual que ocurre con las redes sociales o las aplicaciones de mensajería instantánea, uno de los principales riesgos que presenta cualquier programa conectado a internet es que desconocidos puedan contactar con nuestros hijos con fines sexuales, lo que se conoce como *grooming*. Al mismo tiempo, este tipo de comunicación online también puede conllevar el acoso por los propios compañeros del colegio o instituto, situación que se conoce como *ciberbullying*.

Como explicamos a continuación, un tercer riesgo lo representan las compras que algunas plataformas permiten. Al no pagar con dinero real (se suele realizar con una tarjeta de crédito asociada a la consola y, en muchos casos, además, con un sistema de monedas virtuales personalizadas para cada juego), los menores no son conscientes del gasto que están haciendo y pueden acabar enganchados —a comprar *skins* (elementos de los videojuegos que se adquieren para la mejora en el juego o de la apariencia de un personaje como un arma, un tipo de vestuario, un baile, etc. Pueden ser de pago o adquirirse acumulando horas de juego) o sobres del FIFA, por ejemplo— y causar un verdadero problema económico familiar.

Lo recomendable es tener una tarjeta de prepago específicamente destinada a las compras de las apps o para los videojuegos y webs online.

Como medida de seguridad, lo recomendable es tener una tarjeta de prepago específicamente destinada a las compras de las apps o para los videojuegos y webs online. De esta forma, si sufrimos un ciberataque, no podrán acceder a nuestras cuentas bancarias.

EL JUEGO DE AZAR EN LOS VIDEOJUEGOS: LAS *LOOT BOXES* O COFRES BOTÍN

El servicio de salud nacional británico publicó a comienzos de 2020 un comunicado en el que se posicionaba acerca del debate de la inclusión o no de los «cofres botín», o *loot boxes*, en los videojuegos online. Su postura quedó muy clara: afirmaba que son una forma de apuesta (por tanto, un juego de azar) que puede inducir a los menores a caer en la adicción al juego o juego patológico. En este sentido, EE. UU. y quince países europeos ya habían firmado en 2018 una carta donde denunciaban los riesgos y los asemejaban a las apuestas.

Por ello, el Ministerio de Consumo británico anunció en junio de 2022 que lanzaba a opinión pública un anteproyecto de ley para regular «los dispositivos que tengan un valor económico en un mercado real o ficticio y cuyo premio aleatorio se pueda revender o intercambiar, incluidos los famosos NFT o las criptomonedas». Así se convertía en el primer país en tener una ley específica para combatir los riesgos de la industria del juego.

Pero ¿qué son exactamente las cajas o cofres botín? Son unos productos que los usuarios pueden adquirir por medio de microtransacciones en alguna fase del videojuego o bien jugando una serie de horas (muchas, obviamente). Estas «cajas», dependiendo del videojuego, pueden contener una gran variedad de recompensas, desde el jugador de fútbol del equipo deseado (en el caso del *FIFA*), la *skin* más legendaria para tu héroe (*Fortnite Save the World*) o el arma que necesitas para derrotar a tus adversarios (*World of Warcraft*).

Lo más característico de los cofres botín es que su contenido es aleatorio, es decir, nunca sabes lo que te va a tocar, y ahí es donde está el peligro, puesto que entra en juego el azar.

Como explican los profesionales de la salud, la adicción se produce cuando la recompensa es intermitente y variable: a veces entramos en una red social y obtenemos un «me gusta» y otras veces no, y eso nos hace entrar constantemente, de manera similar a lo que ocurre con las máquinas tragaperras. Tanto Facebook como Instagram o Twitter, así como la industria de los videojuegos, utilizan a psicólogos (de dudosa moralidad) para lograr mantener a los usuarios más tiempo en sus plataformas.

El profesor y psicólogo experimental José César Perales, siguiendo la teoría conductista de Skinner, argumenta cómo en este proceso adictivo, ya sea en el mundo de las sustancias o en el comportamental, se acaba incidiendo de una manera abusiva, aunque los costes sean mayores que los beneficios.

En el caso de los videojuegos es más peligroso, ya que, al igual que con los juegos de azar, se introduce una recompensa mediante micropagos, dinámica en la que los usuarios (especialmente los menores) pueden verse atrapados y conllevarles adicción y problemas económicos.

Probablemente todos hayamos visto más de una vez titulares de niños que gastan una fortuna con la tarjeta de crédito de sus padres para conseguir el jugador soñado para su equipo de fútbol (que rara vez ocurre, pues las probabilidades son muy escasas) o en los juegos multijugador online, conocidos como MMORPG (siglas en inglés de *massively multiplayer online role-playing game*).

En 2018, un investigador noruego, Rune Mentzoni, intentó conseguir una carta de jugador estrella del tipo «Messi» (o imaginad lo que costará ahora una del recién fallecido Pelé) en las *loot boxes* del videojuego *FIFA*. Después de gastar tres mil ochocientos euros, abandonó la investigación sin haberlo conseguido.

¿Cómo le puede resultar tan fácil a un menor acceder a la tarjeta de crédito de sus padres? La mayoría de las veces los videojuegos permiten tan solo introducir los datos, sin sistema de doble verificación (ya sea por SMS o email de confirmación), al igual que ocurre con las webs de apuestas deportivas. Por su parte, la mayoría de edad se confirma haciendo clic en la casilla donde figura «Tengo 18 años» o, como mucho, se pide adjuntar una foto del documento de identidad (que puede ser el de un amigo o un familiar).

Pero esto no solo ocurre en las plataformas de videojuegos. Hay otras webs donde los jugadores apuestan y se juegan los productos que han conseguido en los videojuegos con otros usuarios con el fin de intentar obtener nuevas *skins*. No entra en juego dinero real, lo que dificulta su control con la ley del juego. Sin embargo, puede ocurrir que un chico acceda a la web con tres mil euros en productos para apostar e intentar conseguir otros mejores, y que lo pierda todo. De estos productos, el arma más cara hasta la fecha ha sido el Karambit Acero Forjado, un cuchillo por el que su dueño invirtió ciento veinte mil dólares.

De este millonario negocio de compraventa o intercambio virtual de *skins*, conocido en la jerga *gamer* como «tradear», se ha llegado a afirmar que podría estar sirviendo para el blanqueo de dinero. También se ha apuntado a algún caso de fraude por parte de *youtubers* que, a través de sus canales, incitaron a sus millones de seguidores a apostar por productos en una web sin hacerles saber que ellos mismos tenían participaciones en el sitio y, por lo tanto, que obtenían beneficios de cada transacción.

Por todo esto, entendemos la preocupación de las autoridades y sanitarios por el hecho de que los menores se expongan a este tipo de actividades vinculadas con los videojuegos, en especial porque puede representar una puerta de entrada a los juegos de azar y a los riesgos que conllevan.

De hecho, he consultado a mis estudiantes de tercer curso de universidad sobre sus actividades con los videojuegos, las apuestas deportivas y las *slots* (máquinas de azar) en el mundo online. Muchos me han confirmado la misma apreciación, que tras comenzar de pequeños a jugar en juegos como el *FIFA* o el *Clash Royale*, en la actualidad lo hacen en la versión *Ultimate Team*, un modo de juego que te permite diseñar tu propio equipo de juego si eres capaz de ganar monedas. También han reconocido que alguna vez han apostado en la liga de fútbol y jugado al póker online o a la ruleta.

¿CÓMO SE PUEDE EVITAR QUE LOS MENORES SE ENGANCHEN A ESTE TIPO DE VIDEOJUEGOS Y GASTEN DINERO EN COMPRAS VIRTUALES?

➡ Hablad con el menor. Explicadle qué son y cómo funcionan los «cofres botín» y por qué no merece la pena pagar por algo que es totalmente aleatorio. Debe entender que el gasto es real, aunque la compra se produzca en el mundo virtual del juego.

➡ Activad un sistema de control parental en la consola. Limitad el gasto de la cuenta del menor, así como el tiempo de juego.

➡ Guiaos por el código PEGI. En él se recomienda la edad apropiada de cada videojuego en función de sus contenidos (escenas de violencia, sexo, drogas, etc.).

➡ No introduzcáis los datos bancarios. Si en algún momento vuestro hijo tiene que hacer una compra online, procurad que utilice tarjetas regalo de la consola en vez de una tarjeta de crédito.

➡ Supervisad el uso que hace el menor. Controlad los videojuegos online a los que juega y los grupos con los que chatea.

Porque el mejor juego responsable es aquel en el que no se apuesta.

¿MI HIJO ES ADICTO A LOS VIDEOJUEGOS?

Dentro del universo tecnológico, el sector que más ha sufrido desde sus orígenes el acoso inquisitivo de los tecnófobos ha sido el de los videojuegos. Un ejemplo de ello es la desproporcionada preocupa-

ción que existe hoy día por determinar si los videojuegos generan o no adicción en los menores. Sin duda, en ello ha influido que desde el 1 de enero de 2022 el trastorno por videojuegos entrase en vigor como nueva enfermedad mental reconocida en el CIE-11 —la clasificación internacional de enfermedades de la OMS—, no sin un gran desacuerdo en la comunidad científica.

Según la OMS, para poder hablar de «adicción o trastorno adictivo» se tienen que cumplir una serie de criterios: debe tratarse de una actividad que se realiza en exceso, que escapa al control del individuo y, con ello, causa deterioro funcional y que, a pesar de las consecuencias negativas, el afectado continúa realizando, incluso en mayor medida; con todo, para que se diagnostique este comportamiento se debe mantener al menos durante doce meses.

El punto de desacuerdo para muchos profesionales expertos es que hay actividades que se hacen en exceso (y que cumplen esos criterios) y podrían ser consideradas como trastorno adictivo, cuando en realidad no lo son.

Como afirma José César Perales, catedrático de la Universidad de Granada y experto en adicciones comportamentales: «Si aplicamos criterios muy laxos para evaluar qué es una adicción, podemos generar una situación de confusión que lleve a reducir los recursos disponibles y convierta en problemáticas ciertas actividades lúdicas, con un tanto por ciento muy pequeño de casos que verdaderamente requieren atención clínica».

¿Por qué un niño juega en exceso a los videojuegos? Es probable que carezca de habilidades sociales en la vida real y que obtenga

Desde el 1 de enero de 2022 el trastorno por videojuegos ha entrado en vigor como nueva enfermedad mental reconocida en el CIE-11.

el refuerzo que necesita en el juego. Quizá se siente maltratado o acosado por sus iguales y ha convertido su avatar en los videojuegos en una especie de superhéroe al que todos admiran y con el que todos quieren jugar. O, tal vez, es un niño muy impulsivo e hiperactivo y le cuesta controlarse con el juego.

Por ello, lo más importante es que las familias estemos siempre acompañando y supervisando la actividad digital de los menores para poder detectar los signos de alarma que puedan indicarnos que algo va mal. En concreto, si ocurre algo de lo que figura a continuación:

- ➡ Se encierra en su habitación más de lo habitual.
- ➡ Bajan su rendimiento y calificaciones en el colegio de manera repentina.
- ➡ Notamos cambios físicos, como bajada de peso, cansancio o somnolencia.
- ➡ Cambia de amigos de la noche a la mañana o se aísla y no quiere salir de casa.
- ➡ Se muestra agresivo de manera constante, contesta de mal modo o manifiesta cualquier otro cambio pronunciado en su carácter, como tristeza o ansiedad.
- ➡ Se irrita, o incluso se vuelve violento, cada vez que intentamos que desconecte del ordenador o deje de utilizar el móvil.

Por ello, como venimos diciendo, eduquemos a los menores en el juego seguro y en la prevención, pero sin alarmismos ni sensacionalismos.

LA IMPORTANCIA DE ESTABLECER NORMAS Y LÍMITES PARA JUGAR DE FORMA SALUDABLE

Si queremos incorporar ciertas normas y límites —así como una serie de rutinas— respecto al uso de las pantallas, y no generar un conflicto familiar, lo más importante que debemos tener en cuenta es que imponer no es lo más efectivo. Si negociamos con nuestros hijos mediante una conversación sosegada, explicándoles el porqué de nuestras decisiones, lograremos mucha más cooperación y disposición por su parte.

Otros aspectos que también podemos tener en cuenta y que nos pueden ayudar son los siguientes:

➡ Elegid el momento adecuado para mantener una conversación con vuestros hijos. Evitad los momentos de tensión, después de haberles regañado —por el uso abusivo del móvil o de la consola, por ejemplo—, ni lo hagáis cuando esté entretenido o jugando.

➡ Acordad antes, si es posible, con el otro progenitor las normas que vais a establecer con ellos; a veces las separaciones hacen más difícil seguir las mismas pautas en ambos hogares.

➡ Estableced un diálogo calmado, escuchando su opinión u objeciones.

➡ Planificad y dejad claro los horarios y cómo va a ser el uso de los dispositivos durante el periodo escolar, si va a haber flexibilidad o no, y si las normas serán o no las mismas los fines de semana o festivos.

Respecto al tiempo diario recomendado, no será lo mismo si nuestro hijo acude a un centro escolar donde el programa pedagógico se desarrolla casi exclusivamente de manera digital y, por tanto, ya pasa muchas horas ante una pantalla, que si no usa ningún dispositivo durante el tiempo que permanece en el centro escolar. Pero, en ambos casos, lo más saludable es que no excedan de dos horas al día el tiempo que dedican al ocio digital en periodo escolar.

Es importante explicarles y hacerles entender que ponemos esos límites porque el uso abusivo de la tecnología tiene

Si negociamos con nuestros hijos mediante una conversación sosegada, explicándoles el porqué de nuestras decisiones, lograremos mucha más cooperación y disposición por su parte.

unos riesgos. Deben ser conscientes de que en casa también los adultos practican un autocontrol y que comparten con ellos algunas de las normas:

➡ No se usan los dispositivos en la mesa durante las comidas o cenas, ya sea en el hogar o cuando se sale a comer fuera de casa.
➡ Tampoco se usan cuando hay una reunión familiar o de amigos, o en sitios públicos, como museos, centros de salud, etc.
➡ Durante la noche, cuando ya nos hemos ido a la cama, se debe exigir una desconexión total.

Lo más saludable es que el tiempo que nuestros hijos dedican al ocio digital en periodo escolar no exceda de dos horas al día.

Siempre tiene que haber unas consecuencias cuando no se cumplen las normas establecidas. Al igual que nos ocurre a los adultos, la responsabilidad es una parte imprescindible del aprendizaje también para los menores. Sin embargo, es recomendable que no se premie o castigue con el propio uso de la tecnología, pues en ese caso estaremos reforzando una ansiedad irracional por recuperar ese bien material tras la penalización.

Para ayudarnos al cumplimiento de las normas y reforzar los periodos de «no conexión», lo mejor es fomentar el ocio saludable: deporte, juegos, actividades en familia, etc. Esto nos servirá para compartir más tiempo juntos.

LOS CONTENIDOS, LA SOBREEXPOSICIÓN Y LA HUELLA DIGITAL

Una gran preocupación de las familias es la sobreexposición de la imagen de sus hijos, en especial a edades precoces, que dejan una huella digital que pueda perjudicarles en el futuro. Según un estudio de empantallados.com, el 61 % de los padres les compraron los primeros dispositivos a sus hijos cuando estos tenían entre 11 y 12 años. Por lo tanto, supervisar y controlar a esas edades el rastro personal que puedan dejar en la red se hace muy necesario.

Sin embargo, hay un problema que surge al atender solo los riesgos de la tecnología: se puede perder el potencial de crecimiento que ofrece lo digital. Por tanto, es importante que, en vez de simplificar la utilización de los dispositivos como un todo, lo concibamos en función de su uso. Debemos preguntarnos lo siguiente: ¿qué tipo de pantalla consumen y cuánto tiempo?

No se trata de prohibir ni censurar, pues ya sabemos que esta estrategia no es efectiva, sino de guiarlos y educarlos durante todo el proceso. Desde la instalación de las apps en los móviles, la apertura de los perfiles de manera conjunta, la configuración de la privacidad, cuando les explicamos qué tipo de contenido deben subir a la red y cuál no, cómo deben cuidar su privacidad y la de la familia, hasta por qué no deben interactuar con personas desconocidas.

Proteger nuestra privacidad al máximo y salvaguardar toda la información personal que publiquemos en la red no hará que evitemos todos los riesgos, pero, al menos, sí reduciremos en buena medida los daños emocionales.

LA HUELLA DIGITAL

¿Qué entendemos por huella digital? Este concepto abarca todos los rastros que dejamos al navegar por internet: los comentarios que hacemos en las redes sociales, las fotografías o vídeos que subimos a las plataformas, los *likes* en las publicaciones, las descargas de apps, las llamadas de Skype, el uso de mensajería instantánea, los registros de correo electrónico… Es, al fin y al cabo, un historial en línea que, al menos potencialmente, pueden ver otras personas o acabar almacenado en una base de datos.

Hay plataformas (como Facebook, Instagram o Twitter) que borran los metadatos de las fotografías y vídeos antes de que se publiquen en los perfiles, pero hay otras (como Flickr, Tumblr o incluso Google) que no lo hacen.

Tenemos que saber que la mnera en que funcionan los dispositivos móviles actualmente hace que se genere una huella digital de enorme relevancia. En gran medida, porque los *smartphones* reducen la capacidad de los usuarios de conectarse de forma anónima, ya que los desarrolladores tienen todo el control de la información que se envía a otros servicios o terminales.

Es más, muchas veces los servicios de localización están habilitados por defecto o se incluyen en un conjunto de permisos que se solicitan al usuario al instalar la aplicación, por lo que cualquier persona con acceso a esos datos podría geolocalizarnos al momento.

Además de esto, están los metadatos asociados a las fotografías y vídeos que hacemos con nuestros dispositivos. Por ellos se puede saber a qué hora se tomó la imagen, en qué fecha, con qué teléfono y en qué ubicación.

Dicho esto, llega la cuestión crucial: ¿podría cualquier persona con unos mínimos conocimientos informáticos (no es necesario que se trate de un ciberdelincuente) obtener esta información de nuestro contenido en redes sociales, blogs o foros? La respuesta es sí y no. Porque, en realidad, depende.

Como nos confirma Javier Solueta, experto en ciberseguridad y análisis de riesgos para empresas, hay plataformas como Facebook, Instagram o Twitter que cuidan más la privacidad de sus usuarios y borran los metadatos de las fotografías y vídeos antes de que se publiquen en los perfiles (aunque curiosamente guardan esa información, en teoría, «para poder mejorar sus servicios y desarrollar otros»). Pero otras aplicaciones, como Flickr o Tumblr, o incluso el propio Google, no lo hacen, ya que no alteran los archivos y, así, conservan todos los metadatos.

Hay que tener en cuenta que los metadatos no solo se encuentran en fotografías o vídeos, sino que están presentes en cualquier tipo de archivo digital, incluidos los textos o los PDF. Así que, a la hora de pensar en nuestra huella digital y los posibles problemas que nos puedan causar, tendríamos que pensar en todo lo que subimos a la red.

Con los ordenadores todo es mucho más sencillo, ya que podemos navegar en modo privado o borrar las *cookies*, lo que elimina todo rastro de nuestra huella online (eso sí, no los contenidos o archivos que subamos a las plataformas).

Dicho esto, se hace muy necesario desarrollar un protocolo básico en el campo de la ciberseguridad. Es algo que debemos aprender en casa y desarrollar los adultos, para luego poder educar en el ámbito digital a nuestros hijos:

➡ No os quedéis con las configuraciones por defecto de las apps y plataformas en las que os deis de alta; personalizadlas según vuestras necesidades.

➡ Leed las políticas de privacidad antes de aceptarlas (¡de verdad que se puede!).

➡ Utilizad diferentes correos. uno para los asuntos profesionales o personales y otro para las compras online o para las redes sociales.

➡ Usad una tarjeta de prepago para los sitios de *e-commerce* o una tarjeta de crédito distinta a la que uséis normalmente.

➡ Utilizad contraseñas robustas de bloqueo en los dispositivos y de acceso a las aplicaciones o cuentas personales y, si es posible, utilizad también la verificación en dos pasos.

➡ Mantened los dispositivos siempre actualizados y con sistemas antivirus.

Y, sin duda, lo mejor para evitar riesgos es conocer y estar al día de las novedades y actualizaciones en relación con las nuevas tecnologías. No está de más hacerse de manera periódica este tipo de preguntas: ¿cuáles son los tipos de *phishing* más recientes para robarnos información? ¿Ha habido hackeos a las grandes plataformas? ¿Se han visto comprometidos nuestra privacidad o nuestros datos?

Porque, aunque siempre podamos recurrir a Google esgrimiendo nuestro derecho al olvido, hemos de saber que de las 249 564 solicitudes de retirada de URL o 76 947 peticiones de borrado que ha recibido el buscador desde España (www.facebook.com, www.twitter.com y www.youtube.com están entre los dominios de la mayoría de esas URL), tan solo se ha llevado a cabo un 44,6 %.

Así que, como si de una enfermedad se tratase, ¡más vale prevenir que curar!

LA NETIQUETA O LA EMPATÍA EN LA RED

La netiqueta alude al conjunto de normas y recomendaciones que se deben seguir cuando interactuamos en el entorno digital, especialmente en foros, redes sociales y chats. La netiqueta tiene como objetivo hacer que las interacciones online sean más agradables y respetuosas, y ayudar a evitar conflictos o malentendidos. Es muy importante que cuando los menores comiencen su actividad en el entorno digital (internet, chats o redes sociales) conozcan estas normas para que la valentía que les pueda dar el estar detrás de una pantalla no les haga comportarse de una manera diferente a como lo harían cara a cara con un amigo.

Algunas de las principales normas de la netiqueta son:

➡ Mostrar respeto en todas las interacciones online.
➡ No escribir en mayúsculas, ya que se interpreta como gritar.
➡ No enviar mensajes ofensivos o desagradables a otros usuarios.
➡ No enviar mensajes privados ni chats entre las 23:00 h y las 9:00 h, que son las horas habituales de descanso.
➡ Evitar el uso excesivo de emoticonos o abreviaturas.
➡ No publicar información personal o privada de uno mismo o de terceros sin su consentimiento.
➡ No utilizar un lenguaje inapropiado en los mensajes.
➡ No enviar mensajes no deseados («spamear») a otros usuarios.
➡ No publicar contenido ilegal o inapropiado en línea.
➡ No acosar o amenazar a otros usuarios en línea.
➡ Respetar las normas y las regulaciones de cada comunidad online en la que uno se encuentre.

Cabe destacar que estas son solo algunas de las normas de la netiqueta y que pueden variar ligeramente según el contexto o la comu-

nidad o plataforma en la que nos encontremos; pueden existir unas normas o políticas de uso específicas. Lo más importante, en definitiva, es tener siempre en cuenta el respeto, la empatía y la consideración hacia los demás al interactuar en el entorno digital.

MAMÁ, QUIERO SER *INFLUENCER*

Sin duda, los referentes de los niños y jóvenes han ido cambiado con el tiempo. Esto no quiere decir que los actuales sean peores ni mejores a los de hace unos años, pero sí que los nichos o sectores se han reducido. El uso de la tecnología y las redes sociales no es ni mucho menos negativo, pero hay que conseguir que el tiempo que pasan nuestros hijos ante las pantallas no sea meramente recreativo. Se debe encontrar un equilibrio entre el consumo de contenido educativo —que fomenta su creatividad— y las aplicaciones o plataformas de ocio.

A este hecho se une que cada vez a una edad más temprana reciben estímulos externos que fomentan su deseo de estar conectados y presentes en el ámbito digital.

Por todo ello ¿qué podemos hacer en casa cuando nuestro hijo nos diga que quiere ser *youtuber*, *tiktoker* o *instagrammer*? Véanse estos consejos:

➡ Lo primero, sentarnos en familia y preguntar por qué, qué es lo que le gusta de esa red social y qué tipo de contenido le gustaría crear: tener un canal de videojuegos, sobre tecnología, hablar de deporte, hacer vídeos sobre alguna de sus aficiones...

➡ También debemos hablar de quiénes son sus referentes y ver sus vídeos con ellos. Es importante saber qué les atrae de esos perfiles: el éxito, la fama, los comentarios, los contenidos, etc.

➡ Hay que indicarles las ventajas y los inconvenientes de estar en redes sociales. Se puede aprender, socializar con personas nuevas y compartir experiencias, pero también hay riesgos, como las críticas o incluso casos de acoso, falta de privacidad, la enorme cantidad de tiempo que se requiere y, cómo no, la huella digital, aspecto cuyas implicaciones deben entender. Han de comprender que toda formación al respecto es imprescindible.

➡ Y, por supuesto, tienen que saber que todo éxito es efímero. No se sabe si quiera si dentro de cinco o diez años seguirá existiendo YouTube.

Teniendo en cuenta todas estas premisas, ¿estáis dispuestos a que vuestros hijos menores de edad se hagan *influencers*?

EL MOMENTO DEL PRIMER MÓVIL. CÓMO, CUÁNDO Y POR QUÉ

Hoy día esta es la duda más habitual entre los progenitores, en las consultas que nos hacen por redes las familias o, simplemente, cuando hablas con amigos sobre menores y pantallas. Y, aunque es verdad que especificar una edad daría mucha tranquilidad a los padres y madres para orientarse y asegurarse de si lo están haciendo bien o no con sus hijos en casa, lo cierto es que no hay estudios científicos ni profesionales sanitarios que recomienden una edad exacta a partir de la cual los niños deban empezar a usar los dispositivos.

Lo que sí sabemos es que cada vez este momento se adelanta más. Según datos de 2021, la edad media de acceso se sitúa en los 10,9 años, lo que indica que a veces se produce antes, incluso entre los 5 y 8 años. Por tanto, nuestro deber como padres y tutores es saber si tanto nuestros hijos como nosotros estamos preparados para afrontar esta circunstancia.

Cada familia es un mundo, con sus necesidades y sus capacidades, y, más allá de esto, cada niño también es diferente. Por lo que solo nosotros, sus padres, podremos saber si a una determinada edad contarán con la madurez suficiente para adquirir la responsabilidad que supone tener un móvil. Además, cabe destacar que esto no va solo de tecnología, pues nuestros hijos demuestran esta madurez y responsabilidad en el día a día con su comportamiento.

De este modo, habrá niños con 9 o 10 años que puedan tener perfectamente un teléfono móvil (¡ojo!, no me refiero a un *smartphone* de última generación con datos ilimitados), y otros que con 12 o 13 aún no estén preparados.

El segundo aspecto sobre el que tenemos que reflexionar es si nosotros es-

> **No hay estudios científicos ni profesionales sanitarios que recomienden una edad exacta a partir de la cual los niños deban empezar a usar los dispositivos.**

El dispositivo no es un juguete, sino una herramienta.

tamos capacitados. Es decir, ¿tenemos el tiempo suficiente para adquirir las competencias digitales que nos ayuden a hablar con ellos sobre redes sociales, privacidad o apertura de perfiles? ¿Para acompañarlos en los primeros pasos, supervisarlos y prevenir riesgos?

Debemos ser sinceros con nosotros mismos. No podemos dar un móvil a nuestro hijo de 10 años y luego, a los 16, cuando veamos que la situación se nos ha ido de las manos, pretender sentarnos a hablar y poner límites.

Así que la decisión de regalar el primer móvil no debe depender de la edad ni de la presión social, sino tanto de las necesidades y circunstancias del niño como de las de la familia.

Lo más recomendable es que, si se decide que tengan un dispositivo a edades tempranas, este no cuente con conexión a internet y sea de gama baja. Con el tiempo y, por tanto, cuando sean más responsables, iremos incorporando una tarifa de datos (nunca datos ilimitados) y terminales más avanzados, ya que, aunque en la mayoría de los foros científicos se entiende que el móvil es un facilitador, un soporte —y no el problema que genera las conductas adictivas—, tenemos que prevenir que nuestros hijos no crucen la línea del uso al abuso.

Por supuesto, es imprescindible que el menor entienda que, aunque el móvil haya sido un regalo de Navidad, el dispositivo no es un juguete, sino una herramienta, y como tal, debe someterse a unas condiciones de uso y límites horarios. Cada familia decidirá qué se ajusta más a las necesidades y capacidades del niño, ya sea un «contrato familiar», acordar unas normas para el buen uso o la instalación de sistemas de control parental para prevenir el acceso a contenidos para adultos y el uso abusivo del móvil.

En cuanto a las características técnicas del dispositivo, lo más recomendable es que sea un móvil sencillo, pero con capacidad para hacer funcionar los juegos y aplicaciones que sabemos que más van a utilizar: WhatsApp, YouTube, Instagram o TikTok. Elijamos el modelo, marca o sistema operativo (iOS o Android) que elijamos, debemos asegurarnos de configurar las restricciones para que nues-

tros hijos no puedan descargar cualquier app sin nuestro consentimiento ni acceder a contenido inapropiado.

Pero para que este esquema funcione recordemos que prohibir, censurar o castigar utilizando como recurso el móvil no es la mejor técnica. Además, en la medida de lo posible debemos adoptar las normas saludables que hayamos definido en casa: no utilizar los móviles en la mesa a la hora de las comidas, no usarlo por las noches después de cenar, no cargarlo en la habitación o hacerlo en modo avión, no sacarlo en reuniones familiares o con amigos, etc.

Lo más importante siempre será adoptar la conversación y el diálogo diario junto con los nuevos hábitos relacionados con la tecnología.

¿QUÉ CARACTERÍSTICAS DEBE TENER UN DISPOSITIVO MÓVIL PARA QUE LO USE UN MENOR?

Un dispositivo móvil debe tener algunas características específicas para que lo use un niño a edad temprana. Primero, ha de tener una pantalla resistente y duradera, ya que los niños pueden ser menos cuidadosos que los adultos con sus dispositivos. También es importante que demuestre un buen rendimiento, para que puedan manejar las aplicaciones y juegos sin problemas. Además, un dispositivo móvil para niños debe contar con una buena conectividad, como *bluetooth* y wifi, para que accedan a internet de manera segura.

¿Eso significa que debemos contratar una tarifa de datos ilimitada? Ya hemos apuntado que no. En los primeros años será suficiente con que puedan conectarse a través de la wifi, ya que la mayoría de las veces utilizarán el móvil para llamarnos o para que podamos localizarlo, mientras que sus momentos de ocio y conexión a juegos o apps tendrán lugar fundamentalmente desde casa. Según se vayan haciendo mayores y, por ende, más responsables, podremos ir aumentando esta conexión, contratando los datos ajustados a sus necesidades, pero nunca ilimitados. El objetivo es que aprendan a regularse.

Otras características útiles en un dispositivo móvil para niños pueden ser una batería de larga duración y opciones de control parental para ayudar a los padres a supervisar el uso del dispositivo.

¿CUÁLES SON LOS MEJORES MÓVILES PARA NIÑOS?

No hay un «mejor» móvil para niños, ya que la elección dependerá de las necesidades y la edad del menor. Sin embargo, algunas opciones podrían ser el VTech Dispositivo Multifunción Kidicom MAX, el XPLORA 4, el Nokia 3310, el Nokia 105 v5 o el Alcatel 1 2019 1/8GB Bluish Black. Estos móviles tienen características diseñadas específicamente para niños, como pantallas resistentes, comodidad, un tamaño y peso no excesivos, así como opciones de control parental.

Para niños más mayores o adolescentes, lo esencial es que tengan una buena autonomía, para así no estar continuamente pendientes de la batería. De entre los terminales que no tienen un alto coste podemos destacar el Motorola Moto G8 Play, el Xiaomi Poco X3 NFC, el Vivo Y01, el TCL 30 SE, el Realme Narzo 50A Prime, el iPhone SE o el Samsung Galaxy XCover Pro. Estos son solo algunos ejemplos de dispositivos, pero la elección dependerá en última instancia de las necesidades y preferencias de cada progenitor.

LAS REDES SOCIALES. ¿A QUÉ EDAD PUEDEN ABRIRSE UN PERFIL?

Las redes sociales son plataformas online donde las personas pueden conectarse y compartir contenido con otras, normalmente con quienes comparten algún interés. Algunas de las redes sociales más populares y con más número de usuarios son Facebook e Instagram, ambas del grupo Meta, así como TikTok, YouTube, Twitter, LinkedIn y Pinterest.

Las redes sociales nos permiten:

➡ Crear un perfil personal y compartir fotos, vídeos, comentarios y otros tipos de contenido, ya sea en formato texto o multimedia, con otros usuarios.

- Conectarse con amigos, familiares y otras personas con las que se pueda tener algún tipo de vínculo.
- Participar en grupos y comunidades que compartan nuestros intereses y aficiones.
- Descubrir y seguir a *influencers*, marcas y organizaciones.

Las redes sociales también pueden utilizarse para fines profesionales, como promocionar un negocio o contactar con clientes potenciales.

En general, las redes sociales son una forma popular de comunicarse, socializar y compartir intereses con otras personas.

Los adolescentes suelen utilizar las redes sociales de manera muy similar a los adultos, pero puede haber algunas diferencias:

- **Compartir contenido**. Los adolescentes a menudo comparten fotos, vídeos, memes y otras formas de contenido —noticias y opiniones sobre temas de interés para ellos— que consideran divertido en sus perfiles de redes sociales.
- **Conectarse con amigos y compañeros de clase**. Las redes sociales son una forma popular para que los adolescentes se conecten con sus amigos y compañeros de clase y se mantengan al tanto de lo que hacen.
- **Participar en grupos**. Los adolescentes a menudo se unen a grupos y comunidades online con las que comparten intereses, como grupos de música o de deporte.
- **Descubrir y seguir a personas influyentes**. Los adolescentes pueden seguir a celebridades o *influencers* y ver el contenido que estos publican.
- **Utilizar las redes sociales para aprender y mantenerse informados**. Los adolescentes también utilizan con frecuencia las redes sociales para aprender sobre nuevos temas y mantenerse al tanto de las noticias y eventos actuales.

Más de la mitad de los adolescentes (el 58 %) utiliza las redes sociales para hacer amigos y el 44,3 %, para no sentirse solo. Y, a diferencia de lo que solemos leer en los medios de comunicación (acerca de que aísla a los adolescentes y les causa ansiedad y depresión), internet provoca fundamentalmente emociones positivas en este grupo de edad: el 96,9 % reconoce reírse o sentir alegría con el contenido en la red; el 81,6 %, tranquilidad o relajación; el 78,9 %, placer o diversión; y el 71,6 %, apoyo o comprensión (según un informe de UNICEF de 2022).

Más de la mitad de los adolescentes (el 58 %) utiliza las redes sociales para hacer amigos y el 44,3 %, para no sentirse solo.

De acuerdo con el artículo 7.1 de la Ley Orgánica 3/2018 de Protección de Datos Personales y Garantía de los Derechos Digitales, del 5 de diciembre, en España se establece en 14 años la edad mínima para que un menor pueda ser gestor del tratamiento de sus datos personales, por ejemplo, a través de un perfil en redes sociales.

¿Eso significa que un menor de 13 años no puede estar en las redes sociales? Sí puede, pero con el consentimiento familiar.

En el caso de TikTok, por ejemplo, la propia aplicación especifica en su política de privacidad que no está dirigida a niños menores de 13 años y, además, nos insta a denunciar a través de un formulario si creemos que alguien tiene o recopila datos personales sobre un niño menor de esa edad. De hecho, la clasificación que le otorgan los mercados de descargas, tanto en el sistema iOS como en Android, limitan la edad de sus usuarios a los mayores de 12 años con el fin de que las familias sepan que no se trata de una aplicación para menores de esa edad. Es decir, las propias plataformas indican una edad mínima de acceso. Muchas, como acabamos de ver, la sitúan en los 13 años, aunque algunas la elevan a los 16, como es el caso de WhatsApp.

¿Cómo se valida que el menor no miente cuando introduce su edad o confirma tener el consentimiento paterno (obligatorio)? Pues, simplemente, la plataforma confía en la honestidad y madurez de todos los menores. Aquí reside el gran problema de la edad mínima de acceso y las plataformas: hasta ahora no hay un sistema de doble verificación eficaz. En este sentido, Instagram ha sido la primera en lanzar un nuevo sistema en 2022 mediante identificación personal (DNI), *videoselfie* o recomendación de otros usuarios mayores de edad.

Como se indica en un estudio de Statista, la presencia de niños de corta edad en redes sociales es una realidad palpable: hay un 47,7 % de usuarios de 4 (sí, por sorprendente que parezca) a 15 años en Instagram y un 37,7 % en TikTok. Por eso es tan importante que las familias supervisen la actividad de los menores cuando utilizan las tabletas o *smartphones*, ya sea a través de una herramienta de control parental o mediante las conversaciones familiares.

Por todo esto, legalmente un menor de 14 años sí puede tener presencia en las redes sociales, siempre con el consentimiento paterno. Ahora bien, nosotros, como miembros de la familia, deberemos reflexionar sobre qué herramienta nos parece más apropiada para su edad y configurar las opciones de seguridad y privacidad para limitar la posibilidad de que nuestro hijo pueda acceder a contenidos inapropiados o que desconocidos establezcan contacto con él.

Descarga aquí la guía de seguridad en redes sociales para padres y madres

INSTAGRAM, TIKTOK, BEREAL, WHATSAPP, SNAPCHAT, YOUTUBE Y TWITCH. SUS REDES SOCIALES PREFERIDAS

Según el informe publicado por UNICEF en 2022, el 98,5 % de los adolescentes está registrado al menos en una red social; el 83,5 %, en tres o más, y el 61,5 % tiene varias cuentas o perfiles dentro de una misma red social. YouTube, Instagram y TikTok son las redes sociales que más utilizan. Comparativamente, TikTok y Pinterest son las más populares entre las chicas y Twitch entre los chicos. Por su parte, las redes sociales clásicas (como

EL 98,5 % de los adolescentes está registrado al menos en una red social.

Facebook y Twitter) las utilizan cada vez menos los adolescentes y jóvenes, al menos en España.

En cuanto a los canales de mensajería instantánea, el 99 % utiliza habitualmente al menos una app de este tipo y el 49,9 %, tres o más, siendo WhatsApp (en los adolescentes de 3.º y 4.º de la ESO) y Direct, de Instagram (especialmente en 1.º y 2.º de la ESO), las más populares.

¿Qué es Instagram?

Instagram es una app y red social adquirida por Meta en 2012 en la que los usuarios pueden compartir fotos y vídeos con sus seguidores. Los usuarios pueden añadir *hashtags* (etiquetas) a sus publicaciones para que sea más fácil encontrarlas y pueden interactuar con otras publicaciones mediante la opción de «me gusta» y los comentarios.

Instagram también ofrece una serie de herramientas de edición de fotos y vídeos, como filtros y efectos, para que los usuarios puedan personalizar sus publicaciones. La aplicación está disponible para descargar de forma gratuita en dispositivos móviles de los sistemas iOS y Android.

¿Por qué les gusta tanto Instagram a los adolescentes?

Hay muchas razones por las que Instagram puede ser atractivo para los adolescentes, pero, sin duda, para lo que más usan esta red social es para chatear con sus amigos (como si fuera un WhatsApp) y para subir ese contenido efímero, «clandestino» y en exclusiva para su grupo de «mejores amigos» (donde nunca estamos, como es lógico, los padres) en las historias. Veamos algunas razones más:

➡ **Compartir y ver fotos y vídeos**. Es una plataforma muy fácil de usar para compartir contenido multimedia. Los adolescentes pueden usar Instagram para mostrar sus intereses, aficiones y estilo de vida a sus amigos y seguidores. Aunque creamos que esta generación se sobreexpone en exceso, la mayoría no publica fotos en sus *feeds*, sino que solamente comparte imágenes y vídeos que desaparecen a las 24 horas.

➡ **Interactuar con amigos y personas populares**. Permite a los usuarios interactuar con otros a través de comentarios y la opción «me gusta». Los adolescentes la utilizan para mantenerse en contacto con sus amigos y conocer a nuevas personas, especialmente a través del chat online y las *stories* de «mejores amigos».

➡ **Descubrir nuevos contenidos y tendencias**. Instagram tiene una función de «explorar» que permite a los usuarios descubrir nuevas cuentas y contenidos interesantes. Los adolescentes y jóvenes usan esta función para estar al día de todo lo que ocurre a su alrededor (sobre música, cine, belleza, moda, deporte, etc.) y descubrir nuevas tendencias, seguir a sus *influencers* favoritos, etc. Al igual que ocurre con TikTok, se ha convertido en el nuevo canal de información para estas generaciones.

➡ **Personalizar y editar fotos y vídeos**. La aplicación ofrece una serie de herramientas de edición de fotos y vídeos, como filtros y efectos, que permiten a los usuarios personalizar y mejorar sus publicaciones. Además, existe la posibilidad de crear y compartir *reels* (vídeos cortos al estilo de TikTok). Todo ello hace que esta red social sea muy atractiva para los adolescentes que quieren destacar en la plataforma.

Instagram es una de las redes sociales que más gusta a los adolescentes y jóvenes debido a su enfoque en el contenido visual, la facilidad de consumir contenido de sectores como moda, belleza o música y la posibilidad de interactuar con sus amigos a través del *messenger*.

Descarga aquí la guía Instagram para padres
y madres

¿QUÉ ES TikTok?

TikTok es una red social de origen chino (aunque en China tienen su propia versión, bastante diferente a la que conocemos) que permite grabar, editar y compartir vídeos cortos (desde un segundo hasta diez minutos) en bucle con la posibilidad de añadir fondos musicales, efectos de sonido y filtros o efectos visuales. También se pueden importar vídeos previamente grabados. La aplicación está disponible de forma gratuita para dispositivos móviles.

Es importante que los padres y tutores responsables supervisen el uso de la plataforma que hacen los menores y establezcan pautas adecuadas.

TikTok es una plataforma muy popular entre los menores debido a su enfoque en vídeos cortos y divertidos y la posibilidad de encontrar gran cantidad de contenido. De hecho, como mencionábamos anteriormente con Instagram, TikTok se ha convertido en un verdadero buscador para los adolescentes y jóvenes, quienes acuden directamente a la plataforma para buscar información sobre una temática, antes que al propio Google.

La mayoría de los vídeos tienen un contenido humorístico o se trata de coreografías o bailes; también son populares los de quienes imitan a cantantes. Pero también hay vídeos educativos y divulgativos. De entre los que más éxito tienen entre los adolescentes y jóvenes destacan los retos, o *challenges*, en los que un usuario o una marca propone un reto —por ejemplo, un paso de baile— y aquellos usuarios que quieran lo replican usando el mismo *hashtag*.

Hay que tener en cuenta que TikTok está diseñada para usuarios mayores de 13 años (si tienen entre 13 y 15 años su cuenta será privada por defecto), así que es importante que los padres y tutores responsables supervisen el uso de la plataforma que hacen los menores y establezcan pautas adecuadas. También debemos recordar que se debe tener cuidado al compartir información personal en línea y seguir las recomendaciones de seguridad de la red social para proteger la privacidad y evitar posibles problemas de seguridad.

Además, es importante tener en cuenta las siguientes recomendaciones al usar TikTok:

- ➡ **Configurar la privacidad.** Se debe configurar la privacidad y las opciones de seguridad en la cuenta de TikTok para proteger la información personal y limitar quién puede ver el contenido del usuario e interactuar con él, especialmente en el caso de los menores. Hay una sección en la web de TikTok (Campus Online) para familias donde nos explican cómo debemos hacerlo.
- ➡ **Ser selectivo al compartir información personal.** Es importante ser cuidadoso al compartir información personal, como el nombre real, la dirección o el número de teléfono, entre otros datos.
- ➡ **No aceptar amistades de desconocidos.** No se deben aceptar amistades de personas que no se conocen en persona ni compartir información personal con ellas.
- ➡ **Supervisar el uso.** Es importante supervisar el uso de TikTok y cualquier otra plataforma para asegurarse de que se está utilizando de manera segura y responsable. La última actualización de TikTok para evitar el uso abusivo o compulsivo ha limitado a 60 minutos al día a todos los menores de 18 años.
- ➡ **Hablar de seguridad.** Se debe hablar con los niños y adolescentes sobre la importancia de la seguridad y cómo protegerse a sí mismos, así como sus datos personales, al usar las plataformas digitales.

La función de la **sincronización familiar** permite a los padres y madres vincular su cuenta de TikTok a la de sus hijos adolescentes para decidir de forma conjunta cómo quieren que sea su experiencia en TikTok. Con este ajuste se puede establecer un límite del tiempo de uso, limitar las personas que pueden enviar mensajes, administrar los ajustes de privacidad y seguridad y elegir si la cuenta es pública o privada.

Descarga aquí la guía TikTok para padres
y madres

¿QUÉ ES BEREAL?

BeReal es una aplicación que permite a sus usuarios publicar una foto al día (en una hora totalmente aleatoria) para mostrar a sus seguidores lo que hacen a tiempo real. Las fotografías se realizan utilizando la doble cámara del *smartphone* y ni se editan ni se ponen filtros, buscando así la 'autenticidad' y el contenido efímero.

Al solo poder publicar una vez al día y, por ello, poder ver los «BeReals» de los amigos en ese mismo momento, es una red social que no genera dependencia ni uso abusivo, pues no tiene un *feed* en el que los menores puedan estar horas haciendo *scroll*.

Las fotografías, al igual que ocurre con las *stories* de Instagram o Snapchat, desaparecen en 24 horas, aunque se guardan en el perfil del usuario.

Algunos de los riesgos que puede tener para los menores son:

➡ Si no desactivas la ubicación, la publicará de manera exacta (dónde estás en ese momento) cada vez que publiques una foto, lo cual desprotege totalmente la seguridad y privacidad de los menores y adolescentes.
➡ Carece de opciones de control parental para limitar horarios u opciones para los menores.
➡ Al publicarse la foto con ambas cámaras, se puede dar más información de la que creen (si están en casa, en su habitación, con amigos, etc.).

Decarga aquí la guía BeReal para padres y madres

¿Qué es WhatsApp?

WhatsApp es una aplicación de mensajería gratuita que permite enviar mensajes y realizar videollamadas a otras personas que también utilizan la app. La aplicación está disponible para varios sistemas operativos, incluyendo Android, iOS y Windows Phone.

WhatsApp utiliza la conexión a internet del teléfono, lo que significa que no se ha de pagar, como con los mensajes de texto o las llamadas telefónicas. Además, se puede utilizar para enviar y recibir mensajes de texto, imágenes, audios y vídeos, así como para realizar llamadas de voz y de vídeo.

WhatsApp es una de las aplicaciones de mensajería más utilizadas, con más de dos mil millones de usuarios activos mensuales en todo el mundo.

WhatsApp es muy popular entre los adolescentes por varias razones:

➡ **Es gratis**. WhatsApp es una aplicación gratuita, lo que significa que los adolescentes pueden utilizarla sin tener que preocuparse por coste alguno.

➡ **Es fácil de usar**. Incluso para aquellos que no son muy hábiles con la tecnología. Los adolescentes pueden enviar y recibir mensajes de texto, imágenes, audios y vídeos de manera sencilla.

➡ **Es (relativamente) segura**. Utiliza un sistema de cifrado de extremo a extremo para proteger la privacidad de los usuarios. Esto significa que solo las personas que mantienen la conversación pueden ver lo que se está enviando.

➡ **Es ampliamente utilizada**. WhatsApp es una de las aplicaciones de mensajería más populares del mundo, lo que significa que es muy probable que los amigos y compañeros de clase de nuestros hijos también la estén utilizando.

➡ **Ofrece opciones adicionales**. Además de enviar mensajes de texto y hacer llamadas, WhatsApp también ofrece la opción de crear grupos de chat y realizar videollamadas, lo que puede ser divertido y útil para los adolescentes.

➡ **Es versátil**. Los adolescentes pueden utilizar WhatsApp para comunicarse con amigos, familiares, compañeros de clase y otros grupos de personas que estén en su lista de contactos.

➡ **Es rápido**. WhatsApp ofrece una entrega rápida de mensajes, lo que significa que los adolescentes pueden comunicarse de manera rápida y eficiente.

➡ **Es divertido**. Los jóvenes pueden utilizar WhatsApp para enviar imágenes divertidas, memes y otras formas de contenido divertido.

➡ **Es la nueva forma de conexión y comunicación social**. WhatsApp permite a los adolescentes conectarse con sus amigos y compañeros de clase, estén donde estén.

¿QUÉ ES SNAPCHAT?

Snapchat es una aplicación de mensajería y red social en la que los usuarios pueden enviar fotos, vídeos y mensajes de texto a sus amigos y seguidores. Las publicaciones de Snapchat se conocen como *snaps* y son visibles durante un corto periodo de tiempo, antes de desaparecer. El problema de este contenido efímero es que les da a los menores esa «falsa seguridad» de que pueden enviar contenido inapropiado (normalmente *sexting*) porque va a desaparecer en segundos, pero puede ser capturado por la otra persona y, aunque la app nos notifica si alguien lo ha hecho… ¿qué puede hacer ya el menor?

Snapchat también ofrece una serie de características adicionales, como las «historias», que permiten a los usuarios compartir una serie de fotos y vídeos durante veinticuatro horas, antes de que desaparezcan.

La aplicación está disponible de forma gratuita para dispositivos móviles.

Con Snapchat los adolescentes pueden:

➡ **Enviar mensajes de texto y fotos**. Se utiliza a menudo como una forma rápida de enviar mensajes de texto y fotos a amigos y seguidores.

➡ **Compartir vídeos y fotos en tiempo real**. Los adolescentes pueden usar Snapchat para compartir vídeos y fotos en tiempo real sobre lo que están haciendo en ese momento o informar acerca de dónde se encuentran.

- ➡️ **Ver y compartir historias**. Los adolescentes pueden usar esta función para compartir su día a día con sus amigos y seguidores.
- ➡️ **Usar filtros y efectos**. Snapchat ofrece una amplia variedad de filtros y efectos que los usuarios pueden aplicar a sus fotos y vídeos para personalizarlos. Los adolescentes pueden usar estos recursos para divertirse y crear contenido divertido y creativo.

En general, Snapchat puede ser una forma divertida y fácil de mantenerse en contacto con amigos y compartir momentos especiales con ellos. Pero siempre es importante recordar a nuestros hijos que hay que tener cuidado al compartir información personal online y seguir las recomendaciones de seguridad para proteger la privacidad y evitar posibles problemas de seguridad.

Descarga aquí la guía Snapchat para padres
y madres

¿QUÉ ES YOUTUBE?

YouTube es una plataforma que permite a los usuarios ver, subir y compartir vídeos. Los usuarios de YouTube pueden subir cualquier tipo de vídeo, incluyendo películas, programas de televisión, música y tutoriales. Los vídeos de YouTube se pueden ver online a través de un navegador web o a través de su app. Los usuarios también pueden suscribirse a canales concretos para recibir notificaciones cuando se suban nuevos vídeos. Es propiedad de Google y una de las plataformas de vídeo más populares del mundo.

Es muy popular entre los adolescentes debido a su amplia variedad de vídeos, muchos de contenido divertido, y a la posibilidad de aprender sobre muy diversos ámbitos y descubrir música y artistas nuevos.

Los adolescentes y jóvenes pueden utilizar YouTube para ver y compartir vídeos de sus intereses y aficiones. Entre los principales contenidos a los que más acceden y las acciones que más realizan en la plataforma, podemos destacar:

➡ **Ver vídeos divertidos**. YouTube tiene una amplia variedad de vídeos entretenidos, como parodias, *sketches* de comedia y *vlogs*. Los adolescentes pueden usar YouTube para pasar el tiempo viendo vídeos de todo aquello que les gusta, ya sean de deporte, música o cine, entre otros muchos temas.
➡ **Aprender**. YouTube tiene una amplia variedad de tutoriales y vídeos educativos que pueden ser muy útiles para los adolescentes que quieren aprender cosas nuevas; los hay que les pueden ayudar en los estudios.
➡ **Descubrir música y artistas**. Es una plataforma popular para descubrir música y artistas nuevos. Los adolescentes suelen usar la plataforma para escuchar música y ver vídeos musicales de sus *youtubers* favoritos.
➡ **Ver contenido relacionado con los videojuegos**. YouTube tiene una amplia variedad de contenido de *gamming* y *let's plays*, vídeos en los que los usuarios muestran cómo juegan a un videojuego. Los adolescentes también pueden usar YouTube para ver cómo juegan en directo sus *youtubers* favoritos (YouTube Gaming).

Descarga aquí la guía YouTube para padres
y madres

¿QUÉ ES TWITCH?

Twitch es una plataforma de *streaming* especializada en retransmisiones de *gaming*, pero también abarca contenido de música, arte y otras muchas categorías de entretenimiento.

Los usuarios pueden retransmitir sus juegos online y compartir su experiencia con una audiencia en vivo mientras juegan. También pueden ver retransmisiones de otros usuarios y participar en la comunidad de la plataforma a través de la función de chat en vivo. Twitch es propiedad de Amazon y es muy popular entre los jugadores y los aficionados a los videojuegos.

Al igual que con cualquier otra plataforma, el uso de Twitch puede presentar algunos riesgos para los usuarios, especialmente para los adolescentes y jóvenes. Algunos de estos riesgos incluyen:

- **Contenido inapropiado**. Algunas retransmisiones en Twitch pueden contener lenguaje o temas inapropiados para los adolescentes y jóvenes.
- **Ciberacoso**. Los usuarios de Twitch pueden ser objeto de *ciberbullying* a través de la función de chat en vivo o por mensajes privados.
- **Seguridad**. Al interactuar en línea y compartir información personal, los usuarios corren el riesgo de ser víctimas de fraude o robo de identidad.
- **Salud mental**. El uso excesivo de cualquier plataforma online, incluyendo Twitch, puede llevar a problemas de uso compulsivo y afectar negativamente la vida social y académica.
- **Adicción**. El juego de azar es cada vez más común en las retransmisiones de los *streamers*, a través de casinos online, ruleta, póker, etc.

Es importante que los usuarios, especialmente los adolescentes y jóvenes, tengan en cuenta estos riesgos y tomen medidas para protegerse. Esto incluye configurar la privacidad y las opciones de seguridad en la cuenta de Twitch, ser selectivos al compartir información personal y no aceptar solicitudes de amistad de desconocidos.

Descarga aquí la guía Twitch para padres
y madres

LAS APPS Y REDES SOCIALES QUE MÁS FOMENTAN LOS RIESGOS DIGITALES

La tecnología avanza a un ritmo vertiginoso y, cuando ya conseguimos dominar una aplicación o plataforma, surge una nueva que desbanca a la anterior.

Esto lo vemos reflejado cada año en el informe que realiza IAB Spain en colaboración con Elogia sobre redes sociales, donde, además de analizar las redes y aplicaciones tradicionales (Facebook, Instagram, YouTube, WhatsApp, TikTok, entre otras), se pone de manifiesto que en los últimos años han aparecido otras, como Stereo, Clubhouse, Ivoox, OnlyFans, Patreon o Discord.

Aparte de estas aplicaciones o redes más mediáticas, existen otras con millones de usuarios —muchos de ellos menores de edad— que, por el uso que les dan, pueden poner en riesgo la integridad tanto física como psicológica de nuestros hijos.

Aludamos a algunas cuyas políticas de uso restringen su uso a los mayores de 18 años, pero que en la práctica utilizan a menudo menores de edad:

➡ **Omegle**. Es un servicio de chat de texto y vídeo. Tal como definen en su *claim* —«Habla con extraños»—, en cuanto entras a la plataforma web, comienzas a chatear con una persona desconocida al azar. Todos los miembros son anónimos, lo cual supone un auténtico riesgo de acoso online, así como para que los pederastas o pedófilos busquen la presencia de menores en la plataforma. El propio sitio web hace esta recomendación: «Para ayudarte a mantenerte a salvo, los chats son anónimos, a menos que le digas a la otra persona quién eres (¡no se recomienda!). Puedes dejar de chatear en cualquier momento. Se sabe que los depredadores sexuales usan Omegle, así que ten cuidado». Dicho esto, queda claro que la aplicación supone un riesgo real.

➡ **Ask.fm**. Es una aplicación que permite a sus usuarios lanzar preguntas (o respuestas) a personas que se encuentran en el entorno sin mostrar la identidad. Las respuestas pueden realizarse a través de vídeos, fotos, GIF, etc. Las intervenciones no tienen por qué ser problemáticas, pero la realidad demuestra que gran parte de los contenidos son insultos o amenazas que fomentan el odio bajo la seguridad que otorga el anonimato.

➡ **ThisCrush**. Es otra aplicación que sigue la dinámica de la anterior (o la antigua Secret), pero en este caso está concebida para lanzar «piropos», ya sea de manera privada o bien pública, tanto con el nombre real o anónimamente. Pero, como en el caso anterior, ha demostrado ser una plataforma en la que no escasean los insultos y amenazas. De hecho, hoy en día es una de las redes que más fomenta el *ciberbullying*. Normalmente sus usuarios vinculan su perfil de ThisCrush con el de Instagram, por lo que muchas veces veremos un *link* o *url* a esta app en las biografías de la de Zuckerberg, y con ello, todo el contenido en abierto que allí se vierta, insultos incluidos...

➡ **F3**. Al igual que en Ask o ThisCrush, esta red permite dejar respuestas anónimas a la «pregunta del día», lo que también se puede hacer en forma de textos, vídeos o fotos. Además, al igual que las *stories* de Instagram o Facebook, las preguntas y respuestas permanecen en el perfil del usuario durante 72 horas. La propia aplicación te envía preguntas al azar para que interactúes si tú no tienes comentarios de usuarios.

➡ **Spotafriend**. Es una app «para hacer amigos», según se afirma en ella. Enfocada a adolescentes de entre 13 y 19 años que quieran conectar con personas cercanas, en la práctica es una especie de «Tinder para adolescentes». Como ocurre con otros canales similares, cualquier aplicación que aliente a los niños a entablar conexiones con extraños es peligrosa, ya que detrás de un perfil puede haber un adulto tratando de acercarse a los menores.

➡ **Stereo**. Es una plataforma para hacer podcast en directo. Se crean salas con un máximo de dos usuarios que hacen la función de moderadores y en las que se habla de algún tema concreto. El resto de los usuarios pueden unirse a la sala para escuchar o mandar mensajes en forma de audio, a través de notas de voz.

➡ **Onlyfans**. Es un servicio de suscripción de contenido, más que una red social, que surgió en 2016 para conectar a usuarios con creadores de un contenido-nicho concreto, como puede ser el *fitness*, la gastronomía, la música o el yoga, entre muchos otros. Un primer giro en su línea de negocio lo sufrió en 2018, cuando la mayor parte de su accionariado pasó a manos de Leonid Radvinsky, el propietario de MyFreecams (una web de sexo online). Pero, sin duda, lo que supuso un antes y un después para la plataforma fue la alarma sanitaria provocada por la COVID-19 y los meses de confinamiento. En esta crisis los grandes protagonistas han sido los adolescentes y jóvenes, que, no pudiendo salir ni ir a clase ni socializar fuera del mundo virtual, y en pleno despertar sexual, han encontrado en la tecnología su válvula de escape para desahogarse. De este modo, Onlyfans llegó a los cien millones de usuarios conectados en diciembre de 2020.

Hoy día todavía podemos ver cómo cantantes, actores u otros profesionales (la cantante Cardi B, The-Dream o Aaron Carter, entre otros) suben contenido a sus perfiles. El 90 % de los contenidos son de tipo erótico o pornográfico y es tal el éxito actual de la plataforma que ha pasado de cobrar un 20 % de comisión a un 40 % de los ingresos obtenidos.

Al no tener un control de verificación de edad eficaz (basta con marcar en la casilla que dice «Confirmar que eres mayor de 18 años»), cualquier menor puede acceder y consumir contenido. Y, aunque en un principio solo puede hacerlo de manera gratuita, al igual que pasa con Twitch, el menor podría hacer uso de la tarjeta de crédito familiar y, a golpe de clic, pagar algún tipo de suscripción (desde 4,99 a 49,99 dólares). Por otro lado, están los creadores de contenido, el otro tipo de perfil de quienes acceden a la plataforma, quienes la usan para conseguir dinero de una forma rápida y fácil. El problema radica en que resulta sencillo compartir contenido erótico o pornográfico, lo que podría llevar, a través de mensajes privados de los seguidores, a que este segundo tipo de usuarios realicen otro tipo de actividades sexuales, como porno interactivo, o incluso la prostitución.

Por todo esto, queda claro que estar al día no siempre es fácil. No obstante, no significa que debamos delegar en terceros, ya sea en el centro escolar o en los sistemas de control parental, la educación o supervisión de la actividad digital de nuestros hijos.

Como hemos apuntado ya en repetidas ocasiones, la educación en el ámbito digital debe comenzar lo antes posible, antes incluso de que tengan su primer *smartphone*; la tecnología es un apartado más de la educación que los padres deben procurar al menor, como derecho y deber de la patria potestad. Por lo tanto, es fundamental educar y formar, y cuanto antes mejor, para que nuestros hijos acaben adquiriendo unos conocimientos, unos recursos, un espíritu crítico, y puedan ser autónomos en su vida digital. Y esto se consigue conversando mucho en casa, normalizando la tecnología, hablando de los riesgos, pero también de las oportunidades, para así convertirnos en los mejores referentes para nuestros hijos, con y sin tecnología.

La educación en el ámbito digital debe comenzar lo antes posible, antes incluso de que tengan su primer *smartphone*.

CÓMO CONFIGURAR LA PRIVACIDAD
Y EL PERFIL EN LAS REDES SOCIALES

Todas las redes sociales suelen tener opciones de privacidad que permiten a los usuarios controlar quién puede ver la información personal y la actividad online. Para configurar la privacidad, se deben seguir los siguientes pasos:

➡ Iniciad sesión en vuestra cuenta o en la de vuestro hijo y acceded a la sección de configuración o ajustes.
➡ Buscad la opción de privacidad o seguridad, y acceded a ella.
➡ Decidid si la cuenta es pública o privada. En el caso de menores de edad es recomendable que siempre se configure como privada. En TikTok, por ejemplo, hasta los 16 años viene preconfigurada como privada.
➡ Revisad la configuración de privacidad y ajustad las opciones de acuerdo con vuestras preferencias. Por ejemplo, podéis controlar quién puede ver vuestras publicaciones o fotos, decidir si aparecéis en los resultados de búsqueda de la red social y si pueden enviaros mensajes o solicitudes de amistad.
➡ Guardad los cambios y revisad regularmente la configuración de privacidad para aseguraros de que sigue siendo adecuada para vuestras necesidades.

Recordad que la privacidad en las redes sociales no es infalible y que siempre hay un riesgo de que vuestra información personal se comparta o utilice de manera no deseada. Por lo tanto, es importante que seamos responsables respecto a nuestros datos y estar siempre atentos a posibles amenazas.

5 cosas que no debemos olvidar

1. En edades tempranas, no utilicéis los dispositivos tecnológicos a modo de «chupete digital». Podéis recurrir a ellos, al igual que veíamos los dibujos de la televisión cuando éramos pequeños, pero siempre a sabiendas de que nunca los tiempos de pantalla pueden sustituir su tiempo de juego tanto con otros niños como con nosotros.

2. Elegid el momento adecuado para mantener una conversación con vuestros hijos y estableced un diálogo calmado, escuchando su opinión y objeciones.

3. Planificad y dejad claro cuándo y cómo va a ser el uso de los dispositivos durante el periodo escolar, si va a haber flexibilidad o no, y si las normas difieren durante el fin de semana o los festivos.

4. Lo más recomendable es que, si se decide que tengan un dispositivo a edades tempranas, este carezca de conexión a internet y sea de gama baja; según vayan creciendo, siempre con supervisión y normas, podrán tener modelos con más funcionalidades y mayor tarifa de datos.

5. Preguntad a vuestros hijos adolescentes en qué redes sociales están, quiénes son sus referentes y ved sus vídeos con ellos. Es importante saber qué les atrae de estos perfiles: el éxito, la fama, los comentarios, los contenidos, etc.

LO QUE NOS PREOCUPA A LAS FAMILIAS. RIESGOS DIGITALES

«No les evitéis a vuestros hijos las dificultades de la vida, enseñadles más bien a superarlas».
LOUIS PASTEUR

Hasta hace algunos años, las preocupaciones que tenían los padres cuando sus hijos llegaban a la edad adolescente, aparte de las cuestiones relacionadas con los estudios, se centraban en aspectos como el primer contacto con el alcohol, el coqueteo con las drogas, los peligros de las prácticas sexuales de riesgo o las peleas nocturnas tras una noche de fiesta, entre otros.

Hoy día, sin duda, esto sigue siendo válido para todos los que somos padres y madres de adolescentes y jóvenes, pero a estas preocupaciones, si cabe, se le añaden otras más. ¿Acaso se emborrachan más? ¿Se drogan más? ¿Se pelean más? Lo cierto es que no.

EL ERROR DE DOCUMENTARLO TODO CON EL *SMARTPHONE*

El problema añadido desde hace en torno a una década es que la sociedad, jóvenes y adolescentes incluidos, tienen la costumbre de documentarlo todo con sus móviles, tanto lo bueno como lo malo. Y así, aquello que en otros tiempos hubiera podido quedarse en tan solo «una mala noche» hoy los puede acompañar por el resto de sus días.

Hablamos de lo que se conoce como huella digital. Como habíamos hablado ya al comienzo de este libro —a tenor del estudio de empantallados.com—, precisamente la sobreexposición en internet

La sobreexposición en internet es la máxima preocupación que las familias tienen en la actualidad.

es la máxima preocupación que las familias tienen en la actualidad, por encima del uso abusivo de la tecnología u otros riesgos, como el *ciberbullying* o el *grooming*. Esto no carece de sentido, ya que hacer un uso no seguro de los dispositivos e internet puede conllevar el resto de los peligros asociados a las nuevas tecnologías.

Sabemos que WhatsApp, Instagram y TikTok son las aplicaciones que más utilizan los adolescentes y jóvenes. Y también que solo un tercio de los adolescentes de 15 años que navega por internet —el 98 % de los de esa edad— lo hace de manera segura. Si tenemos en cuenta que un 61 % de los padres les compraron los primeros dispositivos a sus hijos cuando estos tenían entre 11 y 12 años —como apunta el estudio aludido—, la necesidad de supervisar y controlar a esas edades la huella digital que puedan ir dejando en la red se hace muy necesaria.

EL ACOSO ONLINE O *CIBERBULLYING*

El *bullying* es el acoso físico o psicológico al que someten a un alumno, de forma continuada, sus compañeros. En la mayoría de los casos se produce en horario y entorno escolar (en el recreo, al entrar o salir de clase, etc.). Pero, con el fácil acceso de los menores a la tecnología, muchas veces ese acoso no cesa tras las clases, sino que se prolonga el resto del día a través de diversos canales digitales: WhatsApp, redes sociales, correo electrónico, etc.

Se estima que en el 48 % de los casos de acoso escolar dicho acoso continúa fuera a través de las Tecnologías de la Relación, la Información y la Comunicación (TRIC). En cambio, el 72,9% de los adolescentes que sufren acoso online o *ciberbullying* también lo sufren offline. Los principales motivos que señalan los adolescentes como potenciales desencadenantes de acoso aluden a la orientación sexual, a la obesidad o a algún tipo de discapacidad (según datos de UNICEF de 2022).

Otro problema añadido es que casi el 30 % de los docentes aseguran sentirse poco o nada preparados para resolver situaciones de

bullying y solo tres de cada diez niños víctimas de *bullying* afirman haber recibido apoyo del centro educativo (datos de Totto Vs Bullying y Educar es Todo de 2022).

Por ello, es fundamental que estemos atentos a las posibles señales de alerta que nos puedan indicar que algo va mal. Con todo, lo más importante es conversar, hablar mucho con nuestros hijos para poder generar la confianza necesaria desde pequeños y así, cuando tengan un problema, ya sea en el entorno digital o fuera de él, seamos nosotros los primeros a los que acudan para buscar ayuda.

HAN SUPLANTADO LA IDENTIDAD DE NUESTRO HIJO. ¿QUÉ PODEMOS HACER?

La suplantación de la identidad digital se produce cuando una persona malintencionada actúa en nuestro nombre y se hace pasar por nosotros mediante diversas técnicas. Una manera habitual es cuando alguien se registra con un perfil falso en una red social para hacer creer que se trata de la persona suplantada, lo que crea al verdadero titular verdaderos problemas.

Si sospecháis que alguien ha suplantado la identidad de vuestro hijo en internet, es importante tomar medidas rápidas para proteger su privacidad y seguridad. En primer lugar, debéis contactar con las plataformas o proveedoras de los servicios digitales donde se ha producido la suplantación de identidad y solicitar que se eliminen las cuentas falsas o que se tomen medidas para proteger la cuenta real de vuestro hijo. También debéis informar del incidente a la policía o guardia civil. Para ello, es fundamental guardar evidencias: capturas de pantalla de todo antes de que se eliminen o bloqueen los perfiles. Así, se podrá realizar un informe para que se investiguen los hechos.

Es importante asimismo tomar medidas para proteger la identidad de vuestro hijo en el futuro, como hacerle saber que debe utilizar contraseñas seguras y únicas para sus cuentas online, enseñarle a no compartir información personal en internet y supervisar su actividad para aseguraros de que no esté compartiendo información personal con desconocidos. También podéis considerar utilizar un servicio de protección o control parental con objeto de proteger su información personal en la red.

SEXTING: CUANDO UN JUEGO ERÓTICO SE CONVIERTE EN DELITO

La palabra *sexting* surge de la fusión de dos términos tomados del inglés: *sex* («sexo») y *texting* («envío de mensajes de texto», ya que en un principio aludía a los SMS enviados a través del teléfono móvil).

Podemos definir el *sexting* —sexteo, adaptado así en español— como la producción y envío de contenidos (principalmente fotografías o vídeos) de tipo sexual o erótico de forma totalmente voluntaria y privada entre dos personas mediante el teléfono móvil u otro dispositivo tecnológico.

No se trata de pornografía. No hay una voluntad profesional ni finalidad lucrativa. El protagonista produce y envía el contenido de forma voluntaria, libre y sin coacción, por lo que nadie puede enjuiciar, culpabilizar ni criminalizar a esta persona por hacerlo.

El primer estudio del que tenemos constancia sobre la práctica del *sexting* en la población adolescente y joven apareció en 2009 en EE. UU., «Teens and Sexting», llevado a cabo por el Pew Research Center con una muestra de ochocientos menores de entre 12 y 17 años. Según el estudio, un 4 % de los menores que disponían de un dispositivo móvil reconocía haber enviado imágenes en las que aparecían desnudos o casi desnudos y el 15 % afirmaba que recibía este tipo de contenido. En el caso de los adolescentes de 17 años, las cifras ascendían a un 30 %.

Actualmente en España, el 8 % de los adolescentes encuestados en un informe de UNICEF realizado en 2022 manifestaba haber enviado fotos o vídeos personales de carácter erótico o sexual (*sexting* activo) y más del triple (el 26,8 %) reconocía haberlos recibido (*sexting* pasivo). Aunque el *sexting* lo practican los y las jóvenes, las mayores presiones las sufren generalmente las chicas. A partir de 3.º y 4.º de ESO, las tasas de *sexting* se duplican.

Ahora bien, ni «el hombre es bueno por naturaleza», como planteaba Rousseau hace más de dos siglos, ni todo lo que nace de la esfera privada finalmente se queda en lo privado. La gran cantidad de implicaciones que han derivado de esta práctica ha hecho —amén de crearse otras acepciones y derivaciones del término *sexting*— que se tuviera que regular en el Código Penal, que lo tipificó como delito en 2015 en estos términos: «Acto de enviar o difundir contenido sexual sin el consentimiento de la otra persona» (en el artículo 197.7).

En muchas ocasiones, las víctimas no solo se encuentran indefensas ante la violación de su intimidad a través del reenvío del contenido sexual, sino que, como nos explica Borja Adsuara, abogado experto en derecho digital, también se pueden dar otra serie de cir-

El tan de moda «contenido efímero» da a muchos una falsa sensación de libertad que, en última instancia, no hace más que agravar los riesgos.

cunstancias: la sextorsión o extorsión sexual (cuando una expareja amenaza con difundir vídeos o fotografías si no vuelves con ella); el *revenge porn*, o porno vengativo (cuando una expareja envía el contenido, cumpliendo su amenaza de difundirlo al no haber conseguido sus propósitos, o como simple venganza), y el propio acoso de los receptores de los contenidos, que se jactan de ello, ayudan a la viralización en la red (lo que constituye un acto delictivo) y a la vejación de la víctima.

Mandar contenido sexual o sugerente a nuestra pareja no es un hecho nuevo ni exclusivo de las nuevas tecnologías, como tampoco se circunscribe a una franja de edad concreta. Pero las posibilidades de la tecnología y la falta de madurez de los adolescentes aumentan el riesgo en mayor medida. Por lo tanto, las consecuencias también son mayores: pérdida de la privacidad e intimidad, acoso dentro y fuera de la red, acceso a pedófilos, pederastas o *groomers*, daño irreparable de la propia imagen, etc.

Las herramientas asociadas a la tecnología también lo facilitan. El tan de moda «contenido efímero» da a muchos una falsa sensación de libertad que, en última instancia, no hace más que agravar los riesgos. Snapchat, WhatsApp, el sistema de mensajes directos de Instagram: para el ciberdelincuente todo canal es válido.

Según el estudio de UNICEF citado al comienzo del libro, los adolescentes más jóvenes pueden ser más susceptibles a los riesgos asociados con el *sexting* debido a su relativa inmadurez, en comparación con los adolescentes de mayor edad. Además, cabe la posibilidad de que cualquier contenido sea accesible para terceras personas por muchas razones, como puedan ser fallos técnicos, descuidos, la mala acción de hackeadores, por robo del dispositivo o, como venimos diciendo, por extorsiones, acoso o chantaje.

La labor más importante reside en los padres, quienes debemos inculcar valores y dar ejemplo para que nuestros hijos se conviertan, ante todo, en personas prudentes, respetuosas y empáticas.

Como muy bien explica la periodista y experta en ciudadanía digital María Zabala, por mucho que eduquemos sobre tecnología, riesgos o herramientas, realmente la labor más importante reside en los padres, quienes debemos inculcar valores y dar ejemplo para que nuestros hijos se conviertan, ante todo, en personas prudentes, respetuosas y empáticas.

Debemos prevenir, educar sobre los riesgos, pero, sobre todo, educar en emociones, respeto, en derechos y deberes de las personas.

¿QUÉ PODEMOS HACER SI ALGUIEN HA COMPARTIDO YA UNA FOTO O UN VÍDEO DE NUESTRO HIJO?

En la web de la entidad Internet Segura For Kids (www.is4k.es) encontramos las siguientes recomendaciones:

➡ **Responder con calma**. Los padres estamos ahí para apoyar a nuestros hijos y ayudarles a resolver el problema, no para reaccionar de manera exagerada o negativa. Debemos centrar nuestros esfuerzos en buscar una solución y proteger al menor.

➡ **Contactar con los difusores**. Es recomendable contactar, si es posible, con quienes estén difundiendo los contenidos e incluso con quienes los hayan recibido, para evitar que se sigan enviando, y pedir su eliminación. Asimismo, contactar con el centro educativo puede ser de utilidad, ya que puede colaborar con asesoramiento y concienciación.

➡ **Informar al proveedor de servicios**. Para que los contenidos se eliminen, en muchos casos es necesario ponerse en contacto con el proveedor de servicios (Instagram, Facebook, Twitter, etc.) alertándolos sobre el caso. Eso no garantiza la eliminación de las copias que alguien haya podido hacer, pero sí limita en buena medida su difusión.

➡ **Denunciar**. Dado que los contenidos incluyen información sensible de menores, es posible que sea necesario denunciar formalmente los hechos ante las Fuerzas y Cuerpos de Seguridad, sobre todo si se produce extorsión y *grooming*. En estos casos, será necesario hacer capturas de pantalla y guardar todas las pruebas.

➡ **Ofrecer apoyo psicológico**. Las consecuencias derivadas de este tipo de prácticas son graves y el menor puede necesitar apoyo psicológico y emocional. El centro de salud y el centro educativo ofrecerán orientación si es necesario.

GROOMING: PEDERASTAS O PEDÓFILOS QUE INTENTAN CONTACTAR CON ELLOS

Un *groomer* es una persona adulta, normalmente un hombre, que se suele hacer pasar por un menor tratando de adaptar su lenguaje al de la edad de la víctima.

Esta práctica tiene diferentes niveles de interacción y, por tanto, de peligro: desde hablar de sexo y conseguir material íntimo hasta llegar a mantener un encuentro sexual. En muchos casos el agresor mantiene el contacto con el menor a través de sobornos, engaños o regalos y establece un vínculo de confianza. Busca obtener información o material delicado, para luego chantajearlos.

Uno de cada diez adolescentes ha recibido alguna vez una proposición sexual por parte de un adulto en internet, especialmente si se trata de chicas a partir de los doce años.

El *groomer* siempre insiste en la necesidad de mantenerlo todo en secreto. Por eso es tan importante que los menores sepan la importancia de no contactar por internet con personas desconocidas, o incluso de su círculo cercano (amigos del colegio, de extraescolares, del barrio, de las vacaciones, etc.), porque muchas veces tras una pantalla se esconde alguien que no es quien dice ser.

Sin embargo, sabemos que el contacto con desconocidos es muy habitual entre las nuevas generaciones: el 57,2 % ha aceptado alguna vez a un desconocido en una red social y el 21,5 % ha llegado a quedar en persona con gente que conoció exclusivamente a través de internet.

Así se llega a situaciones indeseadas: uno de cada diez adolescentes ha recibido alguna vez una proposición sexual por parte de un adulto en internet, especialmente si se trata de chicas a partir de los doce años.

LOS *CHALLENGES* QUE PONEN EN RIESGO LA SALUD, LA INTEGRAD FÍSICA O INCLUSO LA VIDA DE LOS MENORES

Desde hace algunos años se ha puesto de moda que personas —famosas, como *influencers* y *youtubers*, o anónimas— se propongan superar un reto, o *challenge*, ya sea por una causa benéfica o por simple diversión. Se suele compartir por mensajería instantánea o redes sociales y cada usuario, teniendo en cuenta que a menudo se vuelve viral, aporta su versión personal del reto.

Los retos bien diseñados y enfocados pueden ayudar a conseguir ciertos objetivos, como concienciar sobre la necesidad de cuidar el medioambiente, luchar por los derechos de los más vulnerables o defender la igualdad de oportunidades y de acceso a la educación (con etiquetas como #TodosPorElClima, #TheRealChallenge, #DanceForChange o similares).

El problema surge cuando se conciben retos que ponen en peligro la salud o la integridad física de los usuarios, especialmente si son menores de edad. Algunos de los *challenges* más peligrosos se están difundiendo hoy día en TikTok, donde miles y miles de adolescentes se retan a superar juegos peligrosos.

Así es como se han viralizado en la app durante los últimos meses el #BenadrylChallenge, el #KnockOutChallenge, el #SupergluelipsChallenge o el tristemente mediático, por el fallecimiento de al menos dos menores, #BlackOutChallenge.

¿CÓMO PODEMOS PROTEGERLOS?

Ante todo, hemos de saber en qué redes sociales están y qué tipo de contenido ven. Debemos hablarles de los peligros de muchos de los retos online y cómo llegan a poner en peligro su salud, que entiendan que no deben hacerlo por presión social ni por moda o pertenencia al grupo, circunstancia muy común en la adolescencia.

LOS CONTENIDOS INADECUADOS, LA PORNOGRAFÍA Y LA HIPERSEXUALIZACIÓN

Cuando hablamos de menores, otro de los riesgos que más preocupa a las familias es el acceso a contenidos inapropiados. Se los pueden encontrar de manera involuntaria navegando por la web o quizá accedan a ellos —pornografía online, de publicaciones que hacen apología de la violencia o que fomentan el consumo de drogas, por ejemplo— de manera voluntaria, sin nuestro conocimiento.

De todas formas, hoy día la plataforma que más da que hablar por su contenido sexual explícito y el fácil acceso por parte de los menores es Onlyfans, a la que hemos aludido páginas atrás.

El problema principal de Onlyfans es que cada vez hay más perfiles de adolescentes y jóvenes. Por un lado, lo hacen motivados por sus referentes —*influencers*, *youtubers* o celebridades de programas de televisión como *La isla de las tentaciones*, *Gran Hermano* u *Hombres, mujeres y viceversa*—, que normalizan el uso de la aplicación como una forma más de crear contenido para su público.

De hecho, estas personas públicas utilizan plataformas como Twitter, Reddit, Twitch o Instagram (las redes sociales donde están los menores principalmente) para promocionar sus perfiles y captar potenciales suscriptores, que es una forma de promociones cruzadas en diferentes plataformas sociales, ya que así consiguen captar usuarios para sus perfiles *premium* de Onlyfans. Por otro lado, a muchos

jóvenes y adolescentes les atrae la idea de conseguir dinero de una manera rápida y fácil, al igual que ocurre hoy día con el *trading* o las apuestas deportivas.

Cuantos más seguidores tienes en Onlyfans, más personas se podrán suscribir a tu canal y con ello, ganarás más dinero. A modo de ejemplo, la española PRVega, que hace pornografía explícita en esta plataforma, ha llegado a ganar en un mes —enero de 2021— 54 000 dólares. Lo consiguió no solo con las suscripciones oficiales, sino también con el dinero que obtuvo de los servicios que le pedían a título privado: cuenta que un usuario le llegó a ofrecer 30 000 euros por practicar sexo con los caballos de su finca.

El problema principal de Onlyfans es que cada vez hay más perfiles de adolescentes y jóvenes.

Y, aunque todas las plataformas tienen sus propias políticas de privacidad, en las que regulan la edad mínima de acceso, los contenidos admitidos o las normas de convivencia, el problema es que muchos de estos controles son muy laxos, como en el caso de la verificación real de la edad de los usuarios, y no permiten un control real de los riesgos.

Sin duda, si pretendemos poner normas y límites a un joven de 18 o 19 años, poco podremos hacer. Por ello, la educación en el ámbito digital debe comenzar lo antes posible, antes incluso de que tengan su primer *smartphone*. Recordemos que la tecnología es una parte más de la educación que los padres deben procurar al menor, como derecho y deber de la patria potestad.

El 20 de mayo de 2021 se aprobó la Ley Orgánica de Protección Integral de la Infancia y la Adolescencia, en cuyos sesenta artículos se recogen las normas que pretenden garantizar los derechos fundamentales de los menores frente a cualquier tipo de violencia, incluida la ejercida en internet. A tenor de la regulación, el Estado, además de proveer un servicio de asesoramiento tanto para menores como para educadores y familias sobre los riesgos de la tecnología o su uso abusivo, también forzará a las plataformas a poner en marcha protocolos de verificación de edad y etiquetados de contenidos según un sistema de clasificación por edades.

Sin duda, este puede ser un gran paso para prevenir riesgos y que los menores hagan un uso seguro y saludable de la tecnología, aunque nunca se debe excluir la supervisión y el acompañamiento por parte de los padres y madres, sobre todo en las edades más tempranas.

LA ADICCIÓN AL JUEGO ONLINE O A LOS VIDEOJUEGOS

Tal y como ha confirmado el estudio «Uso y abuso de las tecnologías de la información y la comunicación por adolescentes», elaborado por el Instituto de Adicciones de Madrid Salud y la Universidad Camilo José Cela, solo un 32 % de los adolescentes hace un uso adecuado de internet, más del 30 % muestra señales de riesgo, un 23 % mantiene una conducta abusiva y un 13 % muestra dependencia. Si nuestro hijo pasa más de dos horas al día en YouTube, si no podemos hacer que nuestra hija deje de lado TikTok, si se pasan enviándose wasaps todo el tiempo, deberíamos comenzar a preocuparnos. Pero esto no quiere decir que sean adictos al móvil; en sentido estricto, están haciendo un uso problemático o abusivo de las tecnologías.

Esto es así porque la comunidad científica no reconoce la adicción digital —al móvil, a las redes sociales o a internet— como tal a día de hoy. En términos científicos no se puede hablar de adicción digital, al contrario de lo que vemos en muchos titulares de los medios de comunicación, que, por cierto, crean mucha alarma social en las familias. Porque, recordemos, la OMS solo reconoce como adicción el trastorno por juego de azar y el trastorno por videojuegos.

En cambio, sí se puede hablar de uso abusivo de las tecnologías y de las redes sociales. Se trata de una situación que en muchos casos llega a requerir una intervención o asistencia clínica, e incluso se relaciona con un trastorno de salud mental. Los adolescentes y jóvenes pueden acabar aislándose socialmente de sus amigos, experimentar cambios físicos, en los hábitos del sueño, en sus relaciones familiares o incluso en su rendimiento académico.

La comunidad científica no reconoce la adicción digital (al móvil, a las redes sociales o a internet) como tal.

Así que queda claro que el problema no es el móvil o internet en sí mismos, sino el uso que se hace, que debe ser saludable.

No se puede decir que el móvil sea la nueva droga del siglo XXI. El hecho de que un padre vea a su hijo jugando durante tres horas un fin de semana al *Fortnite* no significa que el juego sea una especie de nueva cocaína. En este sentido, incluso acerca del trastorno por videojuegos, que está reconocido internacionalmente, los expertos no terminan de ponerse de acuerdo. Han surgido muchas discrepancias. Los profesionales de la salud nos explican que, para que se trate de un trastorno, tienen que darse durante un largo periodo de tiempo una serie de síntomas. Así que recordad: lo que nos tiene que preocupar no es tanto el número de horas como los posibles cambios en la personalidad y en los hábitos, que deben ser saludables.

Es decir, si nuestro hijo juega a los videojuegos un número de horas que nos puede parecer excesivo, pero no le repercute en el rendimiento académico y sigue quedando con amigos, sigue entrenando su deporte favorito, sigue hablando con la familia, sigue manteniendo una convivencia y rutina adecuada, etc., entonces la situación no tiene por qué ser problemática. Lo que nos tiene que preocupar, incluso si juega un número de horas que no nos parece excesivo, es si empieza a tener problemas en los estudios, si se alimenta de otra manera, si pierde peso, si tiene somnolencia o no duerme bien, si está más irascible o no mantiene una convivencia familiar adecuada.

De hecho, un nuevo estudio que fue publicado en 2022 en el *Journal of Media Psychology* revelaba que no hay una relación directa entre el número de horas jugadas, el tipo de juego elegido por el menor y el rendimiento cognitivo, a pesar de lo que se suponía. Es decir, da un respiro a las familias para que no tengan que preocuparse tanto por los retrasos cognitivos entre los niños amantes de los videojuegos. Una cantidad razonable de juego al día debería estar bien; lo que debemos controlar, obviamente, es que no se vuelva una actividad abusiva ni obsesiva.

LOS RIESGOS DE LOS JUEGOS DE AZAR Y LAS APUESTAS DEPORTIVAS

Según el estudio EDADES 2020, el 63,3 % de la población de 15 a 64 años ha jugado en algún momento con dinero, mayoritariamente a través de juegos de lotería, ya sea convencional o instantánea. Entre los adolescentes y jóvenes, los juegos de azar y apuestas deportivas se están convirtiendo en una nueva forma de ocio cada vez más habitual. Las casas de apuestas y los salones de juegos son los sitios donde muchos se reúnen los viernes por la tarde o sábados a tomar algo y jugar. Allí tienen diversos estímulos para que pasen muchas horas: ofrecen wifi gratis y, mientras que los hombres hacen sobre todo apuestas de fútbol, ellas aprovechan para jugar a la ruleta o el bingo, o para navegar por internet. Pese a que la ley dictamina que solo pueden acceder los mayores de 18 años, todos sabemos que también entran menores.

El porcentaje de adolescentes que ha apostado o jugado dinero online alguna vez en su vida es del 3,6 %. El 1,6 % lo hace al menos una vez al mes. La incidencia es mayor entre los chicos (entre cuatro y cinco veces más) y es más relevante entre los estudiantes de 3º y 4º de ESO (según un informe de UNICEF de 2022).

¿Por qué cada día se juega más online? El profesor y doctor Juan Francisco Navas lo tiene claro. Por un lado, por la mayor accesibilidad y disponibilidad. La laxitud en el control de la verificación de la edad es la clave, ya que a lo sumo se le pide al menor una fotografía del DNI, fácilmente falsificable con las herramientas tecnológicas actuales. Cuando en la Universidad Camilo José Cela preguntó a sus alumnos, casi el 95 % confesó que apuestan o han apostado en línea. Muchos reconocían haberlo hecho siendo menores de edad y todos afirmaban que no encontraron trabas. Y, por otro lado, por la promoción tan feroz que han desplegado los responsables de este tipo de juegos: se están utilizando unas estrategias y tácticas de marketing muy agresivas que se difunden en los canales que más usa la

Los juegos de azar y apuestas deportivas se están convirtiendo en una nueva forma de ocio cada vez más habitual.

población adolescente y joven, principalmente Instagram y TikTok (el *hashtag* #rasca tiene 37,2 millones de visualizaciones).

De todo el público que juega, potencialmente entre un 5 % y un 20 % desarrolla una adicción, una cifra realmente preocupante, a sabiendas de las consecuencias fatales que tiene el juego patológico en la vida profesional, familiar y social de la persona.

Más del 40,7 % de los menores de entre 14 y 18 años ha comprado «rascas de la ONCE» en algún momento, según el informe de Adicciones Comportamentales 2021 del Observatorio Español de las Drogas y las Adicciones, pese a que se trata de una actividad ilegal para los menores de edad. ¿Cómo es posible? Quizá porque los que tienen que controlarlo no lo hacen.

¿Por qué este tipo de juego es muy problemático? Pues porque se asemeja a la dinámica de las tragaperras, ya que ambos juegos tienen una de las características más peligrosas del juego de azar: la inmediatez. No se ha de esperar días (o meses) para saber si uno ha ganado: bastan apenas unos segundos.

Dicho esto, cabe destacar que ganar es muy poco probable. Como explica Bayta Díaz, psicóloga sanitaria especialista en psicoterapia infanto-juvenil y adicciones conductuales, de cada rasca se emiten cuatro millones de boletos y, entre ellos, solo uno o dos contienen el gran premio que tanto se anuncia. Además, un porcentaje muy alto de estos premios es de reembolso, es decir, sirven para que el juga-

El 3,6 % de los adolescentes han apostado o jugado dinero online alguna vez en su vida.

dor sienta la tentación de comprar otro nuevo rasca. La experta pone de manifiesto una de sus principales preocupaciones al respecto. Incide en la normalización y disminución de la percepción del riesgo de este tipo de juegos de azar entre la población adolescente y joven. Según la experta, «como todos sus amigos juegan y apuestan, consideran que no será tan malo como oyen decir».

ENGANCHADOS Y AISLADOS POR LOS VIDEOJUEGOS: EL SÍNDROME DE *HIKIKOMORI*

Al igual que cuando hablamos del trastorno por juego de azar, el síndrome de *hikikomori* es un problema de salud pública que en 2015 ya afectaba en España a más de 164 personas, según un estudio realizado por el Instituto de Neuropsiquiatría y Adicciones del Hospital del Mar de Barcelona.

Como ocurre con el trastorno por videojuegos y el resto de los comportamientos abusivos o compulsivos, que se han incrementado mucho tras la pandemia por el aumento exponencial del tiempo que pasamos conectados, la relación causal no está ni mucho menos definida en el caso de este síndrome, pese a haberse debatido mucho. Esta patología no se relaciona con un aislamiento voluntario o como resultado de un uso extremo de la tecnología, sino con un aislamiento social (no querer tener relación con el mundo que les rodea, incluida su propia familia, salvo a nivel online) que no parece ser la causa directa del uso de los dispositivos digitales.

Las personas que lo sufren se encierran en su casa o, en los casos más graves, no salen de su habitación, pero también se aíslan en su mundo de todas las formas posibles: dejan de hablar con sus familiares, con los compañeros de la escuela, con sus amigos por WhatsApp, dejan de estar en las redes sociales, etc.

Además, los casos diagnosticados en España, a diferencia de los de Japón, presentan una patología asociada a trastornos afectivos o ansiedad.

Por ello, desterremos una vez más la idea de que el móvil, las redes sociales o los videojuegos son la causa que lleva a nuestros adolescentes y jóvenes a encerrarse en su habitación y a que no quieran salir nunca más, para poder vivir en el mundo virtual y que este se convierta en la única forma de conexión con el mundo.

Insistimos una vez más en que no se trata tanto de una cuestión que se reduce a un número de horas. El problema habrá que encontrarlo en lo que subyace a que el menor se pase todo el día jugando. Quizá el videojuego es la vía que está empleando ese menor para esconder o amplificar una conducta. Imaginemos que está sufriendo ciberacoso, pero en el videojuego es un líder. Lo que hace es esconder el acoso que padece en el colegio, mientras que se reafirma con el videojuego. En este caso el uso compulsivo del videojuego sería la consecuencia de un problema o, incluso, una patología previa, y no la causa. O supongamos que un menor que no tiene amigos busca a desconocidos a través de internet, con el consiguiente riesgo de ser víctima de *grooming*.

En resumen, debemos educar y orientar a nuestros hijos a utilizar la tecnología para que hagan un uso seguro y saludable, supervisándolos de cerca a edades más tempranas y otorgándoles mayores dosis de confianza y naturalidad según vayan creciendo. A pesar de todo esto, no podremos evitar que aparezcan ciertos riesgos por el camino, pero con prevención e información será más fácil ayudarles a solventarlos.

Para terminar esta sección, recordemos algunas pautas que nos pueden ser de ayuda, tanto a nosotros como a nuestros hijos, para controlar el uso abusivo de los dispositivos:

➡ Desactivar las notificaciones tanto del servicio de correo electrónico como del resto de las aplicaciones, especialmente las de las aplicaciones de mensajería, como WhatsApp o Telegram, o las de gestión, como Slack.
➡ Configurar el sonido del móvil para dejar el volumen solo para las llamadas, y sin sonido para el resto de las opciones.
➡ Configurar el límite del tiempo de uso de las aplicaciones, sobre todo de aquellas que creamos que más nos enganchan (Instagram, TikTok, Twitter), o establecer periodos de inactividad

durante los cuales solo estarán disponibles las llamadas de teléfono y las apps que decidamos permitir.

➡ Por las noches, activar el modo avión en los dispositivos de los menores para que las notificaciones de aplicaciones y juegos no les perturbe el sueño.

5 cosas que no debemos olvidar

1. Seguimos insistiendo en la importancia de comenzar la mediación parental con nuestros hijos antes de que tengan sus primeros dispositivos. Debemos normalizar el tema y hablar siempre con positividad y sin miedos, aunque, por supuesto, sin olvidar cuáles son los posibles riesgos que pueden encontrar en la red.

2. Nuestros hijos deben entender la importancia de preservar su información personal y sus datos, y saber que no deben compartirla en las redes sociales o a través de los sistemas de mensajería.

3. Aunque por su edad pueda llamarles la atención, han de saber que no hay ninguna manera de hacer *sexting* seguro, ya que el simple hecho de poseer y enviar contenido sensible a través de un dispositivo tecnológico implica unos riesgos en sí mismo.

4. Por mucho que *tipsters* (pronosticadores de apuestas deportivas o inversiones) o *influencers* a los que siguen les prometan un éxito asegurado, dinero fácil y rápido a través de las redes sociales, las apuestas deportivas y casinos online son juegos de azar y hay una probabilidad muy alta de que generen adicción. Apostar no es un juego inocuo.

5. Fomentar el sentido crítico y una buena autoestima en nuestros hijos va a hacer que los contenidos inadecuados que puedan encontrar en la red les afecten en menor medida, ya que resulta totalmente imposible evitar que se expongan a ellos.

8

PAUTAS BÁSICAS DE CIBERSEGURIDAD PARA LAS FAMILIAS

«Siempre que enseñes, enseña a la vez a dudar de lo que enseñas».

JOSÉ ORTEGA Y GASSET

A pesar de todos los avances y mejoras que la digitalización ha hecho posible durante las últimas décadas, sabemos que la tecnología, como herramienta que es, no está exenta de producir ciertos riesgos tanto a la persona que la utiliza como a terceros. Estos riesgos se pueden presentar en forma de problemas que afectan a los dispositivos tecnológicos, como los temidos troyanos, *adware*, gusanos o cualquier otro tipo de *malware*. O bien se trata de riesgos que acaban dañando la integridad del propio usuario, ya sea por robo de identidad, *phishing*, sextorsión o *grooming*, entre muchos otros.

Por ello, conocer el funcionamiento de las aplicaciones y plataformas que usemos, respetar ciertas pautas de seguridad y privacidad, y supervisar la navegación de los más pequeños hará que disminuya notablemente la posibilidad de sufrir malas experiencias.

No obstante, los ciudadanos pensamos que estamos a salvo de sufrir un ataque de ciberdelincuencia o hackeo de nuestros terminales, ya que consideramos que no tenemos información tan sensible para que les resultemos intere-

> **Respetar ciertas pautas de seguridad y privacidad, y supervisar la navegación de los más pequeños hará que disminuya notablemente la posibilidad de sufrir malas experiencias.**

Los contenidos con mayor probabilidad de ser vulnerados son los de corte erótico o sexual.

santes a esos delincuentes. En todo caso, debemos preguntarnos qué objetivo puede tener una persona para robarnos un contenido y posteriormente difundirlo en internet: ¿lucrativo? ¿De venganza? ¿Por extorsión o chantaje? Así es posible que pensemos más fácilmente no solo en el material que podría resultar suculento, sino también en determinadas personas que en algún momento podrían llegar a cometer ese delito.

Y, aunque en la actualidad los equipos de la policía judicial y los expertos en delitos telemáticos y ciberdelincuencia de la Guardia Civil cada vez están más especializados, todavía es muy difícil rastrear ciertos ataques, especialmente cuando se originan fuera de España.

Sin duda alguna, los contenidos con mayor probabilidad de ser vulnerados son los de corte erótico o sexual; estos son los que más pueden atraer a ciberdelincuentes, quienes pueden llevar a cabo sextorsión. Tampoco podemos olvidar a las exparejas que recurren al *pornrevenge*. Dada la tendencia de los adolescentes a mostrar o demandar en la red contenido de tipo sexual, resulta de gran importancia que hablemos de ello en casa. De todas formas, hay que tener presente que cualquier documento o archivo corporativo que tengamos en alguna aplicación o plataformas en la nube, direcciones de las criptodivisas de nuestra *wallet*, etc., pueden ser objeto de gran interés para los cibercriminales.

Entonces, ¿qué podemos y debemos hacer? Si nosotros o nuestros hijos ya hemos sido víctimas de robo o filtración de datos personales, lo primero que se ha de hacer es denunciar ante las autoridades competentes, no sin antes guardar todas las evidencias (capturas de pantalla, mensajes u otros archivos), por si se necesitaran para un peritaje judicial. Posteriormente se ha de contactar con alguna empresa especializada en el borrado de datos y eliminación de contenido de índole sexual en internet con objeto de retirarlo lo antes posible de la red. En ocasiones se recomienda realizar la denuncia tras el borrado, pero, eso sí, con toda la información del proceso documentada.

De forma preventiva hemos de tomar las medidas de protección necesarias en los dispositivos para garantizar la seguridad de nuestros datos e información personal. Aunque, ante todo, debemos ser prudentes. Pese a que tenemos todo el derecho de hacer o expresar lo que queramos en nuestra intimidad, sabemos que desde que utilizamos cualquier herramienta con conexión a internet estamos expuestos a perder el control de la información y los contenidos que allí se vierten.

QUÉ PUEDEN HACER LAS FAMILIAS PARA USAR LA TECNOLOGÍA DE MANERA SEGURA:

➡ Mantener todos los dispositivos, programas y plataformas actualizados porque así será más difícil la posibilidad de hackeo.

➡ Utilizar contraseñas robustas (para ello son muy útiles los gestores de contraseñas) y, si es posible, un sistema de verificación en dos pasos. Además, es aconsejable cambiarlas periódicamente, especialmente la del *router*, ya que es la puerta de entrada a cualquier tipo de ciberriesgo.

➡ Hacer copias de seguridad en soportes externos para evitar perder toda nuestra información y contenidos si sufrimos un ataque.

➡ Instalar herramientas antivirus en los terminales digitales para detectar posibles apps maliciosas.

QUÉ PUEDEN HACER LOS NIÑOS, ADOLESCENTES Y JÓVENES PARA USAR LA TECNOLOGÍA DE MANERA SEGURA:

➡ Evitar publicar información personal, así como de amigos y familia, en redes sociales, foros o chats.

➡ No subir fotografías ni etiquetar a personas sin su consentimiento. Tampoco compartir o difundir por WhatsApp u otros canales de mensajería contenido inapropiado, *spam* o *fake news*.

➡ No conectarse con el móvil u ordenador a redes de wifi públicas y, si lo tuvieran que hacer, no publicar datos personales en sitios webs o plataformas.

➡ Si se conectan desde un ordenador público o un dispositivo que no es el suyo, no olvidar cerrar la sesión de todas las aplicaciones que hayan abierto.

➡ No descargarse aplicaciones, películas ni videojuegos piratas (a través de los programas Emule, Kazaa, Bittorrent, Ares o similares), sino de sitios webs oficiales, pues es fácil que contengan algún tipo de *malware*.

➡ No pinchar en enlaces sospechosos, que aparecen de manera repentina o en los que les dicen que han ganado algo.

➡ Si se sienten acosados, alguien los está molestando a través de internet o las redes sociales, o creen que le está pasando a alguien de su alrededor, no deben callarse; que pidan ayuda y se lo comenten a algún familiar o tutor.

CÓMO CREAR CONTRASEÑAS ROBUSTAS

Las contraseñas robustas y seguras cumplen algunos requisitos básicos. Primero, han de ser largas, esto es, deben tener al menos 8 caracteres alfanuméricos. Además, deben ser únicas y nada fáciles de adivinar, por lo que es mejor evitar palabras comunes y utilizar combinaciones de letras, números y símbolos en lugar de solo letras o números. También es importante no utilizar la misma contraseña para varios servicios o cuentas, ya que, si una contraseña se descifra, todas las cuentas asociadas a ella también estarán en riesgo.

Indicamos a continuación algunas buenas prácticas para crear contraseñas seguras: utilizar un generador de contraseñas en lugar de crearlas por uno mismo, utilizar un gestor de contraseñas para almacenarlas y administrarlas de manera segura y modificarlas regularmente para evitar que las descifren.

CÓMO FUNCIONA LA VERIFICACIÓN EN DOS PASOS

La verificación en dos pasos es una medida de seguridad adicional que se utiliza junto con una contraseña para proteger una cuenta o un servicio. Requiere que el usuario proporcione dos ítems de información para acceder a la cuenta o servicio, como una contraseña y un código de verificación enviado a un dispositivo móvil, o una pregunta de seguridad. De esta manera, incluso si alguien obtiene la contraseña, esa persona no podrá acceder a la cuenta o servicio sin tener acceso al segundo factor de verificación.

La verificación en dos pasos es una medida de seguridad efectiva para proteger las cuentas y servicios contra el acceso no autorizado.

La verificación en dos pasos es una medida de seguridad efectiva para proteger las cuentas y servicios contra el acceso no autorizado y se recomienda utilizarla siempre que esté disponible. Sin embargo, es importante recordar que esta medida no es infalible y que las cuentas y servicios aún pueden ser vulnerables si los usuarios no siguen buenas prácticas de seguridad en internet, como utilizar contraseñas seguras y proteger sus dispositivos móviles.

CÓMO CONECTARNOS A INTERNET DE FORMA SEGURA. LAS REDES DE WIFI PÚBLICAS

Conectarse a redes de wifi públicas puede ser seguro si se siguen ciertas precauciones. Sin embargo, no olvidemos que hay riesgos asociados a esta forma de acceso a internet, como el espionaje de la actividad en línea, el robo de información personal o el acceso no autorizado a los dispositivos móviles.

Para protegernos al conectarnos a una red de wifi pública, es importante tomar determinadas medidas. Una de ellas consiste en utilizar una conexión VPN (*virtual private network*, o «red privada virtual») para encriptar el tráfico de internet. No olvidemos evitar acceder a cuentas sensibles o realizar transacciones financieras mientras estamos conectados a una de estas redes. Por último, cabe recordar que se debe activar la configuración de privacidad en el dispositivo móvil para no permitir que se conecte automáticamente a redes wifi desconocidas.

Con todo, como venimos repitiendo a lo largo del libro, lo más recomendable es no conectarse nunca a redes de wifi públicas y utilizar una conexión de datos móviles segura en su lugar.

QUÉ HACER SI ENCONTRAMOS PORNOGRAFÍA INFANTIL EN INTERNET, REDES SOCIALES O EN UN DISPOSITIVO DIGITAL

(por Pablo Duchement, profesor y perito judicial informático, especialista en delitos perpetrados en las redes sociales por y contra menores)

Como en cualquier otro asunto que constituya un problema grave, tan importante es actuar ante él como saber hacerlo. Digo más, tan fundamental es saber qué hacer como saber qué no hacer.

En el campo de la aberrante difusión en Redes Sociales de Material de Explotación Sexual Infantil, nos encontramos en una encrucijada: no todos los usuarios bienintencionados conocen las consecuencias de reaccionar de una manera equivocada.

Los hay que realizan capturas de pantalla con la intención de proporcionar pruebas a las Fuerzas y Cuerpos de Seguridad del Estado (FFCCSE) de las conductas delictivas, sin plantearse que dicha ocurrencia implica, en sí misma, cometer el delito de tenencia.

No descargues, captures, fotografíes ni copies ningún contenido de pornografía infantil con la intención de aportar pruebas: tenerlo es un delito.

Otros alertan a los pedófilos del círculo que ha descubierto, manifestándoles su repulsa (y levantando la liebre), sin pararse a pensar que pueda existir la posibilidad de que dicha comunidad ya esté bajo vigilancia policial, a la espera de poder identificar a sus grandes distribuidores. Su buena intención podría desencadenar que una operación de meses de vigilancia pasiva se venga abajo tras poner a los consumidores en fuga.

Y luego están, por supuesto, los que se limitan a reportar las publicaciones en la red social en las que se las cruzan, sin acudir a las autoridades.

Como digo, a pesar de las buenas intenciones hay muchas formas de acabar perjudicando o perjudicado. Es por esto por lo que mi admirada Laura me ha pedido que incluya en su obra unas indicaciones al respecto.

Ahí van:

- ➡ No te descargues, captures, fotografíes o copies el contenido con la intención de aportar pruebas: tenerlo es un delito.
- ➡ Reportar a la red es un proceso al margen de nuestras obligaciones legales. Informar a las FFCCSE es lo correcto y denunciarlo por sus canales es la mejor de las opciones.
- ➡ Adjunta en tu denuncia enlaces WEB al material, apuntando la

fecha y la hora en la que te los encontraste (los informáticos forenses y la Policía Judicial tenemos formas de conseguir un contenido incluso tras su retirada).

➡ No te des a conocer a los pedófilos: una vez hecha la denuncia, lo mejor es desvincularse del asunto salvo que las autoridades requieran tu colaboración. No te pongas a vigilar la actividad de los pedófilos o a buscar activamente más pruebas.

➡ No los señales en tus redes: podrías estar dándoles una publicidad que les reporte nuevos consumidores.

Aquí tenéis los canales de informe y denuncia:

➡ Email especializado de la Policía Nacional: denuncias.pornografia.infantil@policia.es

➡ Formulario de denuncia online de la Policía Nacional: https://www.policia.es/_es/colabora_informar.php#

➡ Email especializado de la Guardia Civil: pornografia-infantil@guardiacivil.org

➡ Formulario de informe online de la Guardia Civil: https://www.guardiacivil.es/es/colaboracion/form_contacto/index.html

➡ Formulario de denuncia online de la Guardia Civil: https://e-denuncia.guardiacivil.es/eDenuncia/paginas/datosDenunciante6Danos.faces

Muchas gracias por tu colaboración deteniendo esta lacra.

5 cosas que no debemos olvidar

1. Utiliza contraseñas robustas (con letras, números y símbolos, así será más difícil, que no imposible, de hackear) en todos los dispositivos, apps y plataformas que utilicemos y, si es posible, un sistema de verificación en dos pasos.

2. Evita publicar información personal, así como de amigos y familia, en redes sociales, foros o chats. Especialmente aquella que dé pistas de dónde vivimos, trabajamos o estudiamos, de la misma manera que no debemos publicar cuándo estamos de vacaciones.

3. No subir fotografías ni etiquetar a personas sin su consentimiento. Tampoco compartir o difundir por WhatsApp u otros canales de mensajería contenido inapropiado, bulos o desinformación sin haber verificado antes las fuentes.

4. Los contenidos digitales con mayor probabilidad de causar situaciones conflictivas son los relacionados con el *sexting* que, aunque ya hemos dicho que, a priori, no tienen una connotación negativa, no están nunca exentos del riesgo de que se viole nuestra privacidad y, peor aún, que seamos víctimas de sextorsión.

5. Aunque queramos denunciar un contenido, perfil o cuenta que creamos que publica pornografía infantil en internet o redes sociales, lo que NUNCA PODEMOS HACER ES: descargar, capturar, fotografiar o copiar el contenido con la intención de aportar pruebas, tenerlo en nuestros dispositivos ya es un delito.

QUÉ HACER Y DÓNDE ACUDIR SI ALGO VA MAL

«La educación genera confianza. La confianza genera esperanza. La esperanza genera paz».

CONFUCIO

Como decíamos al comienzo del libro, hay una serie de claves que nos pueden dar pistas o alertarnos de que hay un problema en casa, ya sea por un uso abusivo del móvil, una dependencia a los videojuegos, a los contenidos de *streaming* o a las apuestas online por parte del menor. Debemos fijarnos si:

➡ Se encierra en su habitación más de lo habitual.

➡ Baja su rendimiento y calificaciones en el colegio de manera repentina.

➡ Notamos cambios físicos, como bajada de peso, cansancio o somnolencia.

➡ Cambia de amigos de manera abrupta o se aísla y no quiere salir de casa.

➡ Se muestra agresivo de manera constante, contesta de mal modo o presenta cualquier otro cambio pronunciado en su carácter, como tristeza o ansiedad.

➡ Se irrita, o incluso se vuelve violento, cada vez que intentamos que desconecte del ordenador o deje de utilizar el móvil.

En estos casos, lo primero es acudir al médico de familia para comentar la situación. Este, si lo estima oportuno, puede derivarnos a los servicios especializados de prevención de adicciones de nuestra comunidad o nuestro municipio para que nos orienten.

También puede ocurrir que nuestro hijo esté sufriendo algún tipo de acoso, por lo que tendremos que observar si, de repente, deja de usar el móvil o el ordenador y no quiere conectarse en ningún momento, está angustiado y no puede dormir. En estos casos, primero trataremos de hablar con él con serenidad para que pueda explicarnos lo que ocurre, con empatía y jamás haciéndolo sentir culpable.

Hablaremos con el centro escolar para advertir de la situación y tomar medidas, y, si existe un caso de acoso, denunciaremos ante los cuerpos de seguridad:

- Grupo de Delitos Telemáticos (GTD) de la Guardia Civil: www.gdt.guardiacivil.es
- Unidad de Investigación Tecnológica (UIT) del Cuerpo Nacional de Policía: www.policia.es/colabora.php
- INCIBE-CERT Centro de Respuesta a incidentes de seguridad de ciudadanos y empresas: https://www.incibe-cert.es/

En estos casos es fundamental guardar todas las evidencias que nuestro hijo tenga en su teléfono: hacer capturas de pantalla de las conversaciones o mensajes que haya recibido por redes sociales u otros canales de mensajería, correos electrónicos, vídeos, memes, etc. Todo esto servirá de prueba si finalmente se celebra un juicio.

También cabe apuntar que nos podemos encontrar con que nuestro hijo sea quien haya cometido algún tipo de delito tecnológico, muchas veces por el sentimiento de impunidad que da estar detrás de una pantalla. Por ello es tan importante hacer hincapié en las normas de convivencia, respeto y empatía, como hemos indicado en el capítulo dedicado a la netiqueta.

Los menores de 14 años no tienen responsabilidad penal, pero sí responsabilidad civil.

En estos casos debemos saber que los menores de 14 años no tienen responsabilidad penal, pero sí responsabilidad civil. Es decir, los padres o tutores legales correremos con las consecuencias de lo que ellos hagan, como pueda ser una sanción económica por un delito de *bullying* o *ciberbullying*. En cambio, de 14 a 18 años tienen responsabilidad penal por los hechos delictivos que cometan. Así, además de poder ser amonestados o sancionados económicamente, los podrán internar en un centro con una condena de hasta dos años, ampliable hasta cinco años si son mayores de 16 años.

Toda la regulación legal al respecto la recoge la Ley Orgánica de Responsabilidad Penal del Menor.

10

LOS MEJORES EXPERTOS NOS DAN SUS CONSEJOS Y VISIÓN PERSONAL

«Quien se atreve a enseñar nunca debe dejar de aprender».
JOHN COTTON DANA

CÓMO SER PADRES EN LA ERA DIGITAL

MARÍA ZABALA. Periodista y escritora, especializada en familia, tecnología y ciudadanía digital

Desde la irrupción de internet, cada vez que se habla sobre menores en el mundo digital surgen numerosas inquietudes. Se despiertan confrontaciones, afloran preocupaciones, razonamientos llenos de ingenuidad, incertidumbres y una sensación de alarmismo. Habida cuenta del necesario reconocimiento de los nuevos riesgos que durante las etapas de la infancia y adolescencia experimentan nuestros hijos al crecer en una sociedad digital en plena construcción, combatamos esta inquietud con una inmensa lista de recetas y advertencias. Así evitaremos el mal a toda costa.

Quizá, ante todo debamos aportar al debate algo más de serenidad, lo que solo lograremos si cambiamos el planteamiento.

El más persistente de los mensajes que recibimos padres y madres sobre este tema apunta al efecto de las pantallas sobre nuestros hijos. Culpamos a la tecnología como el agente responsable de una acción. Lo digital crea adicción, distorsiona la realidad, deprime a los adolescentes, afecta a su salud mental, deteriora el desarrollo

Ser padres en la era digital tiene más que ver con ser padres que con la tecnología en sí misma.

cognitivo de los niños, anestesia a las nuevas generaciones. Qué cómodo resulta el determinismo tecnológico, ¿no? En esta línea de razonamiento, insistiremos en que, si conseguimos que las redes, móviles y apps desaparezcan, todos volveremos a ser felices y nuestros hijos no tendrán ningún problema.

Pero no hay un único responsable de los posibles problemas que la digitalización supone para niños y adolescentes. En realidad, corresponde a muchas partes, porque «educar en la era digital» es una realidad en la que intervienen numerosos factores. Numerosas decisiones las toman los algoritmos; muchas otras las toman los creadores de productos y servicios digitales, así como el propio mercado, del que desconfiamos sin, pese a ello, dejar de utilizar la tecnología para que nuestras vidas sean más sencillas, placenteras, eficaces o llevaderas. Otras decisiones las toman los organismos reguladores, que legislan sobre límites, sanciones, derechos y deberes…, pese a que no siempre se ajustan a la realidad de uso y consumo cotidianos de la tecnología. Hay otras decisiones que irán tomando nuestros hijos, en función de las experiencias digitales —de ocio, socialización, aprendizaje— a las que vayan accediendo según sus características personales —edad, carácter, contexto—. Y, finalmente, nos guste o no, somos nosotros los responsables de una gran cantidad de decisiones. Porque, a fin de cuentas, ser padres en la era digital tiene más que ver con ser padres que con la tecnología en sí misma.

Quizá, también debamos aportar algo más de eficacia, si cambiamos el nudo.

Tendemos a pensar que ser padres y madres, educar, tiene que ver solo con los hijos. Pero *maternidad* y *paternidad*, según su etimología latina, aluden a la cualidad propia de la madre o el padre. Desde los inicios de la humanidad, los mayores enseñan a los jóvenes a partir de la propia experiencia, del bagaje cultural heredado y adquirido, pero también a través de la capacidad constante para aprender sobre nuevas circunstancias, retos y oportunidades.

Educar, en resumen, no atañe solo al educado, sino también —y muy especialmente— al educador: nosotros. Nosotros también usamos la tecnología, somos los que, de hecho, abrimos las puertas de lo digital a nuestros hijos. Nosotros tenemos que reflexionar sobre cómo lo digital va de la mano, casi siempre, de aspectos que poco o nada tienen que ver con ese ámbito —intereses creados, ideología, dinero, poder, desigualdades...—. Nosotros deberíamos saber que, más allá de las pantallas, todo esto va de personas que trabajan, se relacionan, aman, odian, compran, se informan y entretienen, aprenden, crean, juegan, ríen, temen, delinquen, aspiran, conviven.

Educar en tiempos de internet no puede consistir en una mera lista de consejos cerrados que sirvan para todos los niños, todos los adolescentes, todos los adultos y todas las familias por igual. No puede ser solo una cuestión de evitar los peligros, sino también de conocerlos, diferenciarlos de los riesgos, tomarlos en consideración en función del educador y el educado; identificarlos, abordarlos, gestionarlos e, incluso, saber superarlos. Por no hablar de reconocer y promover las muchísimas oportunidades que internet nos ha abierto. Hemos de ser nosotros, los adultos, el puente para las nuevas generaciones, en lugar de escudarnos en la excusa de la brecha digital: menos nostalgia y más implicación.

Por otra parte, necesitamos el compromiso y la transparencia de las compañías tecnológicas en la defensa del usuario, especialmente para la protección del menor (en todo el rango de edad que implica). Necesitamos políticas y normativas acordes con el uso digital real y más recursos para mejorar la cultura digital familiar. Necesitamos más evidencia científica sobre el impacto de la tecnología y más información sin sensacionalismos ni prejuicios. Necesitamos que dejen de considerar que todas las familias somos iguales. Necesitamos hacer un ejercicio de reflexión sobre si la tecnología es la culpable de todo o no, sobre si la vida

Los mayores enseñan a los jóvenes a partir de la propia experiencia, de su bagaje cultural y a través de su capacidad de aprender de nuevas circunstancias, retos y oportunidades.

digital de nuestro hogar nos genera pánico, pereza, incomodidad… o si, en cambio, la vemos como una oportunidad.

Quizá, también, debamos aportar algo más de realidad, si cambiamos el desenlace.

El discurso divulgador imperante sobre cómo educar en un mundo de pantallas es en gran medida ciencia ficción, por varias razones. Porque no podremos lograrlo si seguimos empeñados en educar como si nuestros hijos vivieran en un mundo sin pantallas. Porque hacerlo bien no consiste en tomar una única medida que pueda aplicarse de igual manera para todos ni tiene por qué implicar una ausencia total de riesgos. No se trata solo de pantallas (prohibirlas o permitirlas), sino también de contexto socioeconómico, familiar y personal. Porque ese «cómo» parte de una doctrina ineficaz, por abstracto que pueda parecer su objetivo. ¿Educar en tiempos de internet pretende lograr que nuestros hijos hagan un uso seguro, saludable, positivo, responsable? Pero ¿cómo medimos todas estas variables? Porque, si concibes las contraseñas más seguras, configuras tus perfiles de la manera más segura posible, limitas el uso del móvil a no más de una hora al día o instalas antivirus y evitas toda confrontación en redes sociales, ¿irá todo bien cada día de la semana y cada día del año? ¿No influye nada o nadie más?

No existe la seguridad absoluta, ni en la «vida real» ni en internet. No habrá bienestar digital sin bienestar a secas. La seguridad y el bienestar no se alcanzan de manera definitiva. Y esto no depende únicamente de nosotros.

Quizá, quizá, quizá.

Quizá lo logremos si tratamos de comprender la época en la que crecen nuestros hijos. No aceptarla tal cual, con una mezcla de abandono y resignación, ni rechazarla con determinismo y resquemor, sino entenderla. Nuestro pasado no es un presente que puedan vivir nuestros hijos. Aceptémoslo.

Quizá, si asumimos nuestra responsabilidad. No deleguemos en gurús antipantallas ni esperemos a que los jefes de Silicon Valley hagan mejor las cosas. Más bien entendamos que jugamos un papel fundamental a la hora de permitir que nuestros hijos accedan de manera gradual a nuevas experiencias, con libertad de acción progresiva, en el ámbito digital u otro. Aportemos contexto y demos ejemplo.

Quizá, si estamos dispuestos a aprender sobre una sociedad en la que todos, nosotros también, estamos rodeados de experiencias digitales. Dejemos a un lado los prejuicios y los sesgos; aprendamos cosas nuevas sobre tecnología, sobre nosotros y sobre nuestros hijos. Hagámoslo por nosotros y por ellos. Recurramos a fuentes veraces, rigurosas y no al *clickbait*.

Quizá, si hablamos más en casa sobre pantallas, dispositivos, redes o apps…, pero también sobre temas importantes del mundo no tecnológico. No solo desde la posición del que sermonea y critica, sino también desde la de quien escucha. Porque hablamos mucho de niños y pantallas, hablamos mucho a los adolescentes sobre sus móviles, pero hablamos mucho menos con ellos sobre las experiencias que viven online y sobre cómo les afectan, para bien o para mal.

Quizá, si normalizamos la tecnología y la incorporamos al resto de la educación, sin prohibiciones ni barra libre, sin etiquetas de adictos y sin ingenuidades sobre nativos digitales. Tratemos «lo digital» como si fuera algo que nos incumbe, y muy especialmente en el caso de las nuevas generaciones; como una especie de capa maldita que les crea problemas a ellos y, lo que es peor, nos crea problemas también a nosotros.

Los problemas parecen tener que ver solo con las pantallas. Pero la tecnología no nos sucede. Porque no hacemos todos las mismas cosas ni nos afecta a todos de la misma manera. Porque *tecnología* abarca muchas cosas. Y porque nuestra vida digital está intrínsecamente ligada a quiénes somos en la «vida real».

Nuestros hijos buscan vivir experiencias, en el formato que sea, por el canal que sea. Y da la casualidad de que han nacido en una sociedad digital, en un mundo mediado por la conectividad, en un entorno de sobreinformación, acelerado, confrontado, repleto de intereses. Necesitan que asumamos esas circunstancias, las entendamos, se las expliquemos y les enseñemos dando ejemplo, con conciencia, información, implicación y conversación.

Solo así, quizá. Solo si decidimos contar bien esta historia obtendremos de ella un aprendizaje propio real para, después, transmitirlo a nuestros hijos.

SI NO EXISTO EN EL MUNDO DIGITAL, NO EXISTO

MARCELA MOMBERG. Académica de Historia y Geografía y especialista en metodologías activas (autocuidado y alfabetización digital)

Hay cientos de millones de «huérfanos digitales» en todo el mundo, niñas y niños que viven gran parte del día en internet, conectados y navegando sin una orientación ni supervisión adulta. Y, lo que es peor, sus padres lo ven, con alivio, como una solución para poder seguir con sus actividades habituales de trabajo. Es una especie de acuerdo tácito: «Coge el celular, conéctate y no molestes». Y así se les pasa la vida.

Numerosos niños y jóvenes ven como un aspecto vital el hecho de estar conectados a internet mañana, tarde y noche, ya que para ellos es la base de sus relaciones sociales. Su «realidad» es virtual, es internet, donde están inmersos. Y esta realidad no cambiará si la educación y la sociedad en general no pasa a tomar más en cuenta el mundo virtual.

«Si no estoy en internet, no existo».

Para muchos, internet es la forma de comunicarse, relacionarse, divertirse y buscar intereses. Si no se profundiza más en esta afirmación, resulta una visión sesgada. Por lo tanto, quienes no han abordado el asunto de manera más amplia, quienes ingresaron instintivamente en la red, sin ningún tutorial ni supervisión, creen que las nuevas generaciones no necesitan más.

¿La *world wide web* («red informática mundial») es internet? Es esencial que nuestros hijos sepan que la triple uve doble alude a la interconectividad de muchas redes, bases de datos, desarrolladores que gestionan información que finalmente llega a nuestros termina-

> Quienes no han abordado el asunto de manera más amplia, quienes ingresaron instintivamente en la red, sin ningún tutorial ni supervisión, creen que las nuevas generaciones no necesitan más.

les y que nos permite seguir creciendo, en la medida que avanzamos en la vida como usuarios. Mientras somos estudiantes, nuestra implicación con la tecnología es ínfima pero crucial, pues es la etapa en que nos deben educar en el potencial de la interconexión, pero también en la responsabilidad, el respeto y las medidas de cuidado que son necesarias para nuestro desarrollo futuro.

Mientras vamos creciendo, adquiriendo conocimientos y viviendo, nos comenzamos a dar cuenta de tantas cosas que habríamos deseado conocer a más temprana edad. Cada vez se hace más patente la necesidad de una alfabetización digital. Esto me hace pensar en cuánto tiempo más pasará antes de que la educación incorpore en forma y fondo la tecnología a la educación desde las primeras etapas.

La problemática en la educación tras la pandemia la podemos reducir a dos aspectos:

Debemos poner nuestra atención en lo que ocurre en el aula, donde las principales preocupaciones tienen que ver con el aburrimiento de los alumnos por los «viejos modelos docentes» en los que están inmersos tantas horas al día. El profesor que dicta su clase se enfrenta a los meses de pandemia, cuando aquellos descubrieron un sinfín de alternativas, como la conectividad, estar en línea, relacionarse virtualmente u operar con las aplicaciones.

El segundo aspecto lo arrastran nuestros hijos desde que nacen.

Lo único seguro con lo que podemos contar acerca del futuro es el cambio. Madres, padres y maestros, junto a nuestros hijos, debemos ser parte de ese cambio, para mejorar su calidad de vida y crear un mundo mejor.

Seguramente muchos padres han usado el *smartphone* como parte esencial del cuidado de sus hijos, como «*babysitting* digital». Luego les pusieron vídeos, recurrieron a Google, dejaron a sus hijos con TikTok, Instagram, WhatsApp y YouTube. Estas aplicaciones han asumido gran parte del cuidado parental y, además, resulta que son muy adictivas y más entretenidas que los propios padres.

Para los adultos los cambios son —están siendo aún— más drásticos. Trabajar en casa ha supuesto una adaptación interesante, pero lidiamos con algunos retos que nuestros hijos aún no perciben, como la seguridad de nuestros datos o de nuestras operaciones financieras en línea. Se trata de cambios muy profundos y que afectan a muy diversos ámbitos de nuestra sociedad. La manufactura está en vías de desaparición, pues a menudo un robot puede reemplazar el trabajo de un humano, la interconectividad está tan desarrollada que vemos que el propio Metaverso está invadiendo campos como el de la medicina, el arte, el entretenimiento, la producción minera o la exploración espacial, entre otros.

Mientras que la tecnología crece a una velocidad vertiginosa, el campo de la educación aún discute si las metodologías activas son la herramienta adecuada. Solo quienes van por delante se dieron cuenta de que los perfiles creativos son los más buscados, el de las personas que saben tanto trabajar en equipo, con buenas aptitudes comunicativas, como investigar. Sin embargo, las habilidades y competencias de los planes curriculares de la educación primaria y secundaria aún no lo han reflejado por completo, pese a que constituye a todas luces la base más importante del rol de educar y preparar para el futuro, un tiempo cada vez más incierto y cambiante.

Lo único seguro con lo que podemos contar acerca del futuro es el cambio. El cambio permanente. Madres, padres y maestros, junto a nuestros hijos, debemos ser parte de esos cambios, para mejorar su calidad de vida y crear un mundo mejor.

Los invito a iniciar el camino a la alfabetización digital y al cambio. El futuro nos está esperando.

JOSÉ LUIS CASAL. Experto en modelos de negocio digitales y profesor de Nuevos Modelos de Negocio, y de Marketing y Estrategia en la Universidad de Barcelona (IL3), el EAE Business School y la Universidad Complutense de Madrid.

¿Alguien duda a estas alturas de la necesidad de tener referentes? En una sociedad infoxicada y con unos valores y cimientos cada vez más débiles, toda ayuda es poca, por lo que tener ejemplos que seguir se vuelve más necesario que nunca. Por tanto, ser referente, faro, de los que vienen es toda una responsabilidad y un deber.

Los niños y adolescentes son esponjas, reciben información de manera constante, cada día. Información que definirá, más allá del componente genético, su carácter y personalidad. Sí, su entorno jugará un papel fundamental. ¡Qué responsabilidad!

La muestra la podemos ver atendiendo a la típica pregunta de «¿Qué quieres ser de mayor?», a la que muchos jóvenes hoy en día nos responderían *influencer*. Las cosas han cambiado… y el entorno de las nuevas generaciones también. Algo que, como decía, hace que vayamos moldeando nuestra identidad. «¿Qué hace esa gente a la que me quiero parecer?» es una pregunta habitual, para lo bueno y para lo malo… Como dijo Jim Rohn: «Somos el resultado de las cinco personas con las que pasamos más tiempo».

Durante nuestros primeros años de vida tendemos a encontrar nuestros primeros referentes en nuestro entorno: familiares, amigos, compañeros de clase, vecinos… Pero también aparecen en escena personajes públicos. Cuanta más variedad y diversidad, más puntos de vista y posibilidades. Así es como podremos comprobar que no existe una única realidad, que no existe una única forma de pensar. Es algo que, sin duda, nos enriquece. Eso sí, no olvidemos inculcarles la lectura, pues es una forma fascinante de transmitir valores, conocer personajes admirables con los que nuestros hijos pueden identificarse desde muy pequeños, además de que nos

> **Ser referente, faro, de los que vienen es toda una responsabilidad y un deber.**

permite estrechar lazos con ellos compartiendo esos momentos de lectura.

«Somos el resultado de las cinco personas con las que pasamos más tiempo».
Jim Rohn

Claro está que no asimilamos todo de la misma manera. Depende en gran medida de la cercanía que tengamos al objeto de aprendizaje y la influencia que este último ejerce sobre nosotros. Por ejemplo, el aprendizaje por observación es más eficiente cuanto más nos parezcamos al modelo. También interviene la competencia, que nos lleva a fijarnos en alguien que hace algo que nos gusta y al que vemos progresar. Y, por último, no podemos pasar por alto a la gente con cierto prestigio. Influirán mucho más, generarán más credibilidad y despertarán en nosotros sentimientos positivos.

En este sentido, un ejemplo que conozco bien es lo que hacemos en el programa STEM Talent Girl, de ASTI Foundation, en el que impulsamos el empoderamiento de las adolescentes y jóvenes para que elijan carreras STEM (del ámbito tecnológico, de las ciencias, la ingeniería y las matemáticas), en las que hay poca presencia femenina. Lo hacemos, precisamente, poniendo de relieve el poco conocimiento que se tiene de perfiles femeninos relevantes, por un lado, y los estereotipos, muy presentes entre las jóvenes, por otro.

Volviendo a nuestros pequeños, tenemos dos obligaciones: exponerlos a referentes diversos y positivos que les inspiren, con los que se sientan identificados y que les hagan ver todas las opciones disponibles y, en segundo lugar, ¡ser un referente para ellos, ejemplares! En este aspecto no valen las medias tintas. Abracemos la excelencia.

Abrámosles la mente, pongamos ante ellos todas las posibilidades que estén en nuestra mano; así podrán construir su camino, sobre la base de todo lo que han recibido. Esos referentes serán sus modelos, porque les llamará la atención su personalidad, su trayectoria o su profesión. Les inspirarán. Lo que estos hagan les iluminarán en su camino hacia qué ser y qué hacer. Las decisiones que tomen aquellos les ayudarán a tomar las propias. Sabrán qué pasos dar sin que nadie los tenga que convencer u obligar.

Sé que a veces no será fácil y nos retarán. Pero seguro que mucho de lo que hemos trabajado con ellos es lo que los hace únicos y los lleva a comportarse como lo hacen cuando están con sus amigos.

    ¿Y qué hay de nosotros? Sin dudarlo, en todo momento, debemos nutrirnos de referentes, de gente que nos enriquezca y nos impulse a ser mejores. Aquello que no vemos no nos lo plantearemos nunca como una posible opción. Conociendo y viviendo realidades diversas, sabiendo qué ocurrió en algún momento de la historia y cómo lo afrontó alguno de esos referentes, estaremos en posición de decidir y caminar hacia el futuro.

LA PREVENCIÓN DE ADICCIONES EN EL ENTORNO FAMILIAR

ANA ORDÓÑEZ FRANCO. Médica especialista en prevención de adicciones. Jefa del Servicio de Prevención de Adicciones del Instituto de Adicciones de Madrid Salud

He sido madre de un hijo adolescente y, por ello, sé lo que es agobiarse con todo lo que tiene que ver con sus problemas. Como cuando empezó a salir con grupos de amigos a los que yo no siempre conocía. En menos de un año, pasé de recogerle en los cumpleaños a los que estaba invitado a tener «una idea somera de la zona en la que se encontraba» y un «listado incompleto de los integrantes del grupo de amigos que lo acompañaban».

Pero tengo la suerte de contar cada día con un equipo de apoyo en mi propio trabajo. Puedo hablar, expresar en voz alta mis dudas y recibir consejo de primera mano de un grupo de expertos. Personas expertas en prevención que, además trabajan desde hace años en el Programa de Intervención con Adolescentes y Jóvenes: los y las profesionales del Servicio PAD.

Mis preguntas no eran muy complicadas. Seguramente a muchas de mis compañeras les pareció sorprendente que me preocuparan «cambios normales», «conductas distintas», «el hecho de que no me lo contara todo, como había hecho siempre». A veces, hasta me tomaban el pelo con la famosa frase de «Consejos vendo y para mí no tengo».

Y es que creo que ante los hijos todos somos iguales: deseamos hacerlo bien, de la manera más perfecta posible. Pero ese mismo deseo de perfección nos hace inseguros. No nos engañemos, es mucho más sencillo hacerlo bien, ser estricto y coherente, ser calmado y hablar con criterio, cuando los sentimientos no entran en la ecuación.

> **La verdadera prevención comienza desde el momento en que empezamos a educar a nuestros hijos, con la manera en que ponemos las normas y límites en la familia y cómo las cumplimos.**

Por eso, cuando se trata de abordar problemas relacionados con nuestros hijos, considero esencial poder hablar con profesionales capaces de prestarnos una ayuda experta e imparcial.

Como parte del Servicio de Prevención de Adicciones de Madrid Salud, del Ayuntamiento de Madrid, nuestro objetivo principal es evitar o actuar de manera precoz ante los problemas relacionados con el consumo de alcohol u otras drogas, con el uso abusivo de las pantallas (videojuegos, redes sociales e internet) y ante los riesgos de los juegos de azar y las apuestas deportivas. Pero lo cierto es que la verdadera prevención comienza desde el momento en que empezamos a educar a nuestros hijos, con la manera en que ponemos las normas y límites en la familia y cómo las cumplimos. Empezamos a prevenir cuando predicamos con el ejemplo y mostramos respeto y empatía al hablar con ellos... y con los demás.

La vida es un suma y sigue. Y no siempre estamos igual ni siempre las cosas nos salen bien. Por eso, a veces, necesitamos que alguien nos escuche y nos ayude a identificar qué nos preocupa realmente y, sobre todo, que nos acompañe mientras vamos poniendo en marcha los mecanismos para recuperar la comunicación familiar, las muestras de afecto y el cuidado de esas «normas de la familia» que todos tenemos claro que deseamos cumplir.

HABLAR DE PORNO EN CASA, LA MEJOR FORMA DE PREVENIR

ANNA PLANS. Presidenta de la Associació de Consumidors de Mitjans Audiovisuals de Catalunya y miembro del grupo de expertos de la Fundación Aprender a Mirar.

La sexualidad es parte de la vida de todos nosotros desde que nacemos y, por ello, hemos de abordarla de modo natural desde la niñez. De nada sirve educar en la sexualidad y la intimidad si no educamos el corazón de nuestros hijos y, en este sentido, los padres somos los principales maestros en enseñarles a amar. En cada etapa de su vida, debemos asegurarnos de cuidar su corazón, su intimidad, que sepan lo que es la pornografía y advertirles de los peligros.

Nuestros hijos se merecen que les hablemos claro. La pornografía no es amor y nunca debería formar parte de la educación afectivo-sexual. Romper tabúes no significa introducir el porno en la educación, sino hablar con naturalidad con nuestros hijos sobre sexualidad. Y, sobre todo, estar dispuestos a escuchar. No hay duda de que cuesta. Por eso es importante que confíen, que seamos a quienes acudan para hablar de estos temas.

Se debería empezar a hablar con los hijos sobre pornografía a partir del momento en que suban a un autobús escolar, estén en el colegio, se relacionen con otros niños o tengan acceso a internet a través de cualquier dispositivo. La experiencia me dice que cuanto antes mejor, aunque siempre con un discurso adaptado a la edad del menor y a las preferencias de los padres, por supuesto.

Con los más pequeños se puede empezar a hablar a partir de un símil con una situación que les resulte familiar en el mundo offline. Contarles por ejemplo que, del mismo modo que jugando en la playa o en el parque con sus amigos se pueden encontrar de repente con alguien que les asuste, también les puede ocurrir que, al acceder a un dispositivo, descubran a alguien mostrando sus partes íntimas, algo que les produzca miedo, una situa-

La pornografía no es amor y nunca debería formar parte de la educación afectivo-sexual.

No podemos olvidar la importancia de poner filtros acordes con la edad de los menores para prevenir el acceso accidental al porno.

ción extraña, etc. Cada uno puede adaptar la conversación como decida. Pero es fundamental hablarles sobre las zonas íntimas de su cuerpo y aprovechar para recordarles que estamos ahí para escucharlos.

Pasado un tiempo, podemos retomar la conversación: «¿Recuerdas aquella vez en la que te dije qué debías hacer si encontrabas imágenes o vídeos de personas que mostraban sus partes íntimas? Bien, pues eso es lo que se conoce con el nombre de pornografía. Si algún amigo te habla de eso, ¿sabes lo que espero que hagas? Que me lo cuentes. Ya sabes que siempre estaré disponible para ti. ¿Te parece bien?».

A partir de ahí, a tu hijo no le resultará extraño que le preguntes si se ha encontrado con algo que le haya causado extrañeza. Lo esencial es transmitir confianza y que nuestros hijos, independientemente de si tienen 5 o 15 años, sepan qué hacer si se encuentran con contenido inadecuado. Este puede ser el inicio de muchas conversaciones que mantendremos con ellos.

A veces tendremos la sensación de no haber dicho lo correcto o de habernos olvidado de algo, pero siempre es posible rectificar. También podemos tener cierta sensación de fracaso si no conseguimos evitar que consuman contenido pornográfico. Sin embargo, no podemos perder de vista nuestro principal reto educativo ni olvidar que más que evitar las caídas, debemos facilitarles los medios para que se levanten. En este sentido, sembrar y cultivar una confianza mutua es vital.

Según crecen, a nuestros hijos podemos instruirlos, gracias a la neurociencia, acerca de las evidencias de los efectos devastadores en las personas que consumen pornografía, los intereses económicos de la industria pornográfica y la relación de la pornografía con la prostitución y la trata de personas. De todo ello encontrarás recursos básicos en mi libro *Respeta mi sexualidad* y en plataformas como Dale una Vuelta o Fight the New Drug. Es primordial que, cuando vengan con sus problemas, seamos capaces de escucharlos sin juzgarles. Solo entonces podremos hablarles del daño que les puede hacer la pornografía y por qué puede ser tan excitante.

Dicho esto, no podemos olvidar la importancia de poner filtros acordes con la edad de los menores para prevenir el acceso accidental. Debemos actuar como «controles externos» hasta que ellos sean capaces de ser más autónomos. No hay que olvidar que, cuando son mayores, se convierten en expertos hackeadores capaces de saltarse la mayoría de los filtros.

El cerebro de los menores es muy sensible, vulnerable y frágil; por eso, y por su gran capacidad de desarrollo, hay que cuidarlo mucho. Los padres y madres debemos atender a su salud mental. Pero no deberíamos estar solos.

Es de la máxima importancia que los legisladores tomen medidas para proteger al menor, porque la mayoría de los niños acceden a este tipo de contenido sin buscarlo. Por eso debemos exigir a quienes tienen la potestad de promover leyes que hagan su trabajo. Para lidiar con una industria tan poderosa como la pornográfica, padres, madres y autoridades deberíamos unirnos para conseguir proteger a los más vulnerables. Precisamente ese fue uno de los motivos que me movieron a formar parte de la Associació de Consumidors de Mitjans Audiovisuals de Catalunya y de la Fundación Aprender a Mirar.

COMUNICAR EN EL ENTORNO DIGITAL

JORGE GALLARDO. Doctor en Ciencias de la Comunicación y Primer Premio Nacional de Comunicación Audiovisual en España. Director adjunto de Espejo Público y profesor de la Universidad Camilo José Cela

Con la democratización del acceso a internet, cualquier persona puede pasar a la acción y convertirse en un comunicador. El multimillonario Elon Musk, después de comprar Twitter, aseguró que su objetivo era empoderar a los usuarios para dar más relevancia al «periodismo ciudadano». Pero ¿son los usuarios capaces de sustituir a los periodistas? ¿Pueden interpretar lo que sucede sin la necesidad de profesionales de la comunicación?

Lo cierto es que el ciudadano se ha empoderado porque, gracias a redes sociales como Twitter, puede convertirse en el primero que cuenta lo que sucede a través de un texto, un vídeo o una fotografía. Se adelanta a los medios tradicionales porque solo necesita tener un teléfono inteligente cuando se encuentra en el lugar de los hechos. Pero en este mundo idílico de informadores aficionados nos encontramos con la mala fe y las temidas noticias falsas. Y tener conocimientos de primeros auxilios no acredita al socorrista de una piscina a ejercer la medicina en un hospital.

La comunicación es un asunto serio. No obstante, hay que reconocer que el periodismo ciudadano ha facilitado el acceso a puntos de vista más plurales y alternativos a la agenda *setting* de los medios de comunicación, ha sido un altavoz crítico con el sistema y ha impulsado el concepto del *prosumidor*: el ciudadano que produce y consume noticias. De hecho, actualmente nos encontramos ante la búsqueda del equilibrio perfecto entre las noticias tradicionales y las que se generan en el nuevo patio social creado en las redes. Los medios tradicionales, o incluso los nati-

El periodismo ciudadano ha sido un altavoz crítico con el sistema y ha impulsado el concepto del *prosumidor*: el ciudadano que produce y consume noticias.

vos digitales, están pendientes de la denominada conversación social como fuente de información y de noticias.

LOS *COUCH POTATOES* 2.0

Los ciudadanos no siempre adoptan un rol activo o participativo. Es decir, muchos de ellos carecen de la proactividad necesaria para convertirse en generadores de contenido y tan solo son usuarios mirones —la mayoría en las redes sociales— que, a lo sumo, dan un «me gusta» o ayudan a difundir un contenido existente. De esta manera se produce una traslación de los espectadores de televisión pasivos hacia las nuevas tecnologías: como los ciudadanos estadounidenses a los que en la década de 1980 se los empezó a conocer como *couch potatoes*, «patatas de sofá», inertes frente al televisor, pero aplicado al comportamiento pasivo frente a las redes sociales. Según muchas investigaciones, el consumo audiovisual pasivo es algo placentero. De hecho, Netflix y otras plataformas de vídeo ofrecen un fondo audiovisual online donde los usuarios buscan píldoras lineales de relax de 45 o 60 minutos sin ningún tipo de interacción. Lo mismo sucede en el caso de los usuarios de las redes sociales que quieren seguir una conversación, pero no generarla ni participar en ella.

LO DIGITAL VENCE A LO ANALÓGICO
ENTRE LOS ADOLESCENTES Y JÓVENES

Los referentes han cambiado para las generaciones más jóvenes. Las fábricas del *star system* han ido evolucionando con el paso de las décadas. El cine *made in America* ha sido hasta hace no tanto la mayor factoría de estrellas globales. Pero redes sociales como YouTube o Twitch han generado estrellas que traspasan barreras y que conectan mejor con el público más juvenil. Lo mismo ha sucedido en el ámbito nacional, con *influencers* que alcanzan en algunos países el mismo nivel de popularidad que las estrellas de la televisión o la radio. También hay casos en los que conviven las dos fórmulas del éxito, cuando determinadas estrellas basculan entre los dos ámbitos: del digital al tradicional, es decir, de las redes al medio tradicional y viceversa. En cualquier caso, lo que queda claro es que existe una brecha intergeneracional a la hora de determinar quiénes son los referentes, las estrellas o los famosos en la sociedad.

La necesidad de curadores:
Hacen falta mediadores de la comunicación

En el contexto actual, los ciudadanos se enfrentan diariamente a una ingente cantidad de información llegada de los medios de comunicación, las redes sociales y las páginas web. Ante esta profusión excesiva de datos los usuarios necesitan ayuda para entender de manera fiable lo que sucede a su alrededor.

Así, es necesaria una alfabetización digital y mediática de la sociedad para que esta adquiera una posición crítica ante todas las informaciones recibidas y que sepa discernir entre la mentira y la verdad, o entre una línea editorial y una visión subjetiva de un hecho noticiable. Es por ello que ahora, más que nunca, se hace necesario el papel de curadores de información y contenidos (los denominados *curators* en Estados Unidos).

El concepto se ha importado del ámbito de los museos, donde un curador es la persona que selecciona las colecciones que pueden interesar al público. Es decir, es un profesional de la información y de la comunicación que se encarga de seleccionar lo que es relevante de una manera fiable, contrastando los hechos para evitar la difusión de *fake news*. En España, por ejemplo, los informativos de la televisión han ganado peso entre el público quizá ante la necesidad de que alguien resuma el exceso de información diaria en tan solo treinta minutos.

En definitiva, la comunicación debe estar en manos de profesionales responsables que respondan a varias funciones —informar, contrastar, seleccionar y educar— para que el usuario adquiera un carácter crítico cuando se encuentra en el ámbito digital. Eso sí, debemos ser conscientes de que la comunicación se ha democratizado y, con ella, sus malos usos. El periodismo ciudadano ha de ser responsable y debe convivir con una profesión cada vez más necesaria.

APPS EN EL ÁMBITO EDUCATIVO.
UN FUTURO APASIONANTE

JAVIER GÓMEZ TORRES. Licenciado en Psicopedagogía, diplomado en Magisterio, y experto sobre el uso de la tecnología en los procesos de enseñanza y aprendizaje

Vivimos una época en la que la tecnología lo impregna todo y lo cambia todo. Gracias a ella hemos aprendido nuevas formas de comunicación, nuevas formas de vender y comprar, nuevas formas de informarnos e incluso nuevas formas de trabajar.

El mundo de la educación está empezando a cambiar también de manera radical porque gracias a la tecnología se están desarrollando nuevas tendencias de trabajo fuera y dentro del aula que ayudan a aprender y a enseñar de nuevas maneras. Estamos pasando de modelos centrados en la homogenización del grupo, con respuestas únicas a las necesidades de toda la clase, a nuevos modelos que se centran en atender a cada alumno de manera individual, ofreciéndole la receta perfecta que se adapta a sus particularidades para ayudarle a adquirir nuevos conocimientos y destrezas con un altísimo grado de personalización.

A continuación, vamos a aludir a las tecnologías que son la base de esta revolución. Son los pilares de los nuevos modelos de enseñanza-aprendizaje del siglo XXI, teniendo presente que hoy en día no hemos visto sino la punta del iceberg de lo que el futuro está por ofrecernos.

REALIDAD AUMENTADA

La realidad aumentada es una tecnología que nos permite incorporar nuevas capas de información a lo que captamos a través de la cámara de nuestros dispositivos móviles. Gracias a ella, la exploración del mundo que nos rodea y la posibilidad de poder ver e interactuar con realidades y conceptos abstractos de difícil comprensión mejoran de manera exponencial, hasta límites que no somos ni siquiera capaces de imaginar.

Imaginemos un ejemplo sencillo que ya está al alcance de cualquiera gracias a multitud de apps: el estudio de la biología y, más concretamente, el de las células.

En el ámbito educativo, la exploración y la manipulación son dos de los factores más importantes para la adquisición de conocimientos.

Hasta ahora, un estudiante que tenía que acceder a estos conocimientos podía hacerlo de distintas maneras, pero todas ellas muy tradicionales: a través de texto escrito, mediante ilustraciones o consultando vídeos explicativos que no ofrecían ningún grado de interactividad.

Está más que demostrado que en el ámbito educativo la exploración y la manipulación son dos de los factores más importantes para la adquisición de conocimientos. El alumno que es capaz de experimentar cómo es la realidad puede crear una base de conocimientos mucho más sólida que el estudiante que simplemente memoriza y se aproxima a los conocimientos desde un punto de vista teórico.

En el ejemplo del estudio de la célula, la realidad aumentada nos permite ver en tres dimensiones cómo es la célula, cómo son sus orgánulos, cómo se desarrolla en su ciclo vital, cómo se relaciona con otras células y con el medio que la rodea… Y no solo esto, pues le ofrece también al estudiante la posibilidad de interactuar, de modificar, de explorar con un nivel de profundidad con el que hasta ahora los docentes solo podíamos soñar.

La unión de esta nueva manera de aproximarnos a la realidad y la de los nuevos modelos de trabajo en el aula —en los que el docente pasa de ser un transmisor de conocimientos a un facilitador que, gracias a la tecnología, puede ofrecer respuestas únicas y adaptadas a cada alumno— nos hacen vislumbrar un futuro en el que aprender será un proceso mucho más natural.

INTELIGENCIA ARTIFICIAL Y SISTEMAS ADAPTATIVOS DE ENSEÑANZA

La inteligencia artificial se basa en el desarrollo de una serie de algoritmos que permiten, gracias a la tecnología, que podamos disponer de respuestas únicas a diferentes situaciones y problemas a los que nos tenemos que enfrentar en nuestra vida diaria.

Uno de los grandes problemas de la educación ha sido que históricamente no ha habido un alto grado de personalización en función de las necesidades únicas de cada alumno. Por este motivo, no han sido pocos los que se han incorporado al mundo laboral sin haber descubierto sus grandes vocaciones y talentos. De haberlo hecho, sin duda el mundo en el que vivimos sería mucho mejor.

La inteligencia artificial ofrece al ámbito educativo la posibilidad de conocer las características de cada alumno con un grado de detalle similar al que implicaría tener en el aula a un docente por estudiante. Permite adaptar en tiempo real los contenidos para hacerlos lo más comprensibles y cercanos a las características concretas del alumnado.

Pongamos otro sencillo ejemplo. Para transmitir los conocimientos del área de las matemáticas hasta ahora en el aula solo se podía ofrecer una manera única. El libro era el eje central y las posibilidades del docente para adaptar los contenidos a las características únicas de cada alumno eran mínimas.

En cambio, la inteligencia artificial permite que el docente pueda proponerse para cada alumno o grupo de alumnos una serie de objetivos que cumplir. Esta tecnología ofrece la posibilidad de crear para cada uno de ellos una respuesta única, que se basará en la evaluación de su estado inicial de conocimientos, en una ruta de aprendizaje única y en la creación de actividades de refuerzo y ampliación, llegado el caso. El docente puede actuar en tiempo real, si lo considera,

La inteligencia artificial ofrece al ámbito educativo la posibilidad de conocer las características de cada alumno con un grado de detalle similar al que implicaría tener en el aula a un docente por estudiante.

para modificar estas rutas de aprendizaje y obtener toda la información que necesita para saber cómo aprenden y avanzan sus alumnos.

Al final del camino, cada estudiante habrá adquirido los contenidos que el docente le haya marcado, pero tras recorrer cada uno de ellos una ruta diferente. Esta tecnología ya es un hecho y se está incorporando cada vez más a las aulas, no solo en las etapas de la enseñanza elemental y media, sino también en la formación universitaria y en la formación continua de determinados puestos de trabajo.

El uso de la inteligencia artificial nos está ayudando a disponer de estos sistemas adaptativos que, además, impiden la frustración del alumno al convertir estas rutas de aprendizaje en la consecución de retos muy motivadores. Estamos tan solo al principio, pero lo tenemos claro: la inteligencia artificial es y va a ser cada vez más protagonista en los procesos de aprendizaje.

METAVERSOS EDUCATIVOS

Uno de los mayores problemas a los que nos tenemos que enfrentar cuando queremos aprender algo es dónde se encuentra el centro que imparte la formación. La imposibilidad de aprender de los mejores docentes y de relacionarnos con estudiantes de otros lugares del mundo ha provocado que muchos no hayan podido desarrollar su talento.

Lo cierto es que desde hace algunos años es posible seguir clases en línea tanto de manera sincrónica como asincrónica, pero surge un problema fundamental: está demostrado que la interacción entre iguales es la base para el desarrollo de una buena estrategia de aprendizaje.

No hay duda de que somos animales sociales, lo que implica que tendemos a aprender más y mejor cuando nos relacionamos con otras personas. El metaverso, que no es sino la unión de un conjunto de tecnologías que conjugan lo mejor del mundo físico con el mundo virtual, rompe estas barreras geográficas y nos ayudan a zambullirnos en entornos de aprendizaje virtuales muy motivadores y con un alto grado de colaboración e interacción social.

En el metaverso vamos a encontrar lo mejor de la realidad aumentada, de la inteligencia artificial y de los sistemas adaptativos. El entorno de aprendizaje va a estar disponible cuando el alumno lo necesite y va a poder adaptarse a sus necesidades tal y como sea preciso.

La interacción entre iguales es la base para el desarrollo de una buena estrategia de aprendizaje.

Estamos a las puertas de una revolución que no sabemos a ciencia cierta hasta qué punto se va a desarrollar. Sin embargo, los indicios que tenemos nos hacen soñar con una tecnología que va a democratizar el acceso a los conocimientos y nos va a ofrecer la posibilidad de comunicarnos y de trabajar en entornos virtuales altamente enriquecidos con características que hoy en día ni siquiera somos capaces de imaginar.

No tardaremos en verlo y todo nos hace pensar que, al igual que está ocurriendo en el mundo de la educación, el metaverso lo va a cambiar todo. El objetivo de la educación es preparar a cada individuo para el mundo en el que va a vivir. Por tanto, tenemos la obligación de ser receptivos a estas nuevas posibilidades y de aprovecharnos de sus características para mejorar los procesos de enseñanza y aprendizaje.

BLOCKCHAIN

Aunque la tratemos en último lugar, esta tecnología —en realidad abarca un conjunto de tecnologías— no reviste menos importancia que las nombradas anteriormente en este capítulo. La *blockchain* nos da la posibilidad de almacenar y compartir información con un nivel de seguridad que resulta prácticamente imposible de falsificar.

Gracias a ella, tenemos la seguridad de poder confirmar a ciencia cierta que las fuentes de información que consultamos son fidedignas y que no han sido alteradas. Asimismo, garantiza que la información que transmitimos —que será accesible en todo el mundo— tampoco se ve alterada de forma alguna.

Las instituciones de enseñanza van a poder integrar las posibilidades de los metaversos educativos con la tecnología *blockchain* para emitir certificados de aprendizaje que estarán asociados a cada estudiante. Así, cada uno de nosotros tendrá un currículo único que certificará que hemos recibido la formación que aseguramos tener.

Se posibilitan así nuevas formas de autentificar que recibimos una formación concreta y también de demostrar fehacientemente cómo la hemos adquirido, de quién, con quiénes y cómo la hemos aprovechado a título individual.

La emisión de títulos en un futuro cercano carecerá de sentido sin este tipo de tecnología.

A modo de conclusión, solo nos queda esperar que, una vez que estas tecnologías se extiendan a nivel global, cualquier persona pueda recibir la formación que desee y en función de sus necesidades, disfrute de rutas de aprendizaje personalizadas hasta el detalle y pueda certificar con absoluta garantía qué ha aprendido y cómo; en definitiva, que se instruya de una manera que hoy solo podemos imaginar. La revolución de la enseñanza no ha hecho sino empezar y, gracias a estas tecnologías, nos queda por descubrir un mundo mejor.

FOMENTA EL ESPÍRITU EMPRENDEDOR DE TUS HIJOS

CAMILA POLENSVAIG. Directora del grado en Emprendimiento y Gestión de Empresas de la Universidad Camilo José Cela. Especializada en startups, emprendimiento y desarrollo de negocio

La sociedad actual demanda profesionales con conocimientos específicos y con un espíritu emprendedor que les permita identificar oportunidades y romper con lo establecido. No solo requiere a personas que quieran emprender su propio negocio, sino también a expertos con una actitud proactiva en cualquier ámbito de su carrera profesional.

Porque el emprendimiento va más allá de crear una empresa. Es asimismo una manera de enfrentarse a la vida con resiliencia, ganas de trabajar en equipo y voluntad de buscar soluciones a problemas reales.

¿Acaso no queremos eso para nuestros hijos?

Es importante tener en cuenta que para cultivar un espíritu emprendedor no solo basta con saber sobre modelos de negocio, presupuestos, desarrollo de tecnología o gestión de equipos. Es necesario igualmente tener curiosidad y creatividad, y sentir pasión por la búsqueda de soluciones a problemas reales.

Aunque el espíritu emprendedor sea innato en muchas personas, es necesario potenciarlo y reforzar las habilidades que conlleva. Desarrollar una actitud emprendedora no es algo que se logra sin más; ha de hacerse desde las etapas más tempranas de la vida. Pero ¿cómo? Pues asumiendo que el fracaso forma parte del aprendizaje, generando espacios de experimentación donde poder desarrollar el conocimiento y las habilidades necesarias o fomentando la capacidad de escucha y observación.

Por lo tanto, es importante potenciar estas habilidades desde la infancia y no

> **La sociedad actual demanda profesionales con conocimientos específicos y con un espíritu emprendedor.**

castigar el fracaso: no desaprovechar el error, reforzar el pensamiento crítico y ayudar a nuestros hijos a enfrentarse a situaciones de constante cambio.

Si bien es cierto que trabajar con metodologías que favorezcan estas habilidades no es tarea fácil, es importante inculcarlas en nuestros hijos y potenciarlas si queremos que desarrollen el espíritu emprendedor al que aludimos.

¿Por qué hablamos de perder el miedo al fracaso? Porque, en lo que a emprendimiento se refiere, el éxito no está asegurado; de hecho, lo más probable es que cualquier emprendedor fracase al menos una vez. Además, si tenemos en cuenta que una de las principales razones por las que una persona no da el paso de emprender es por ese miedo a no lograrlo, el hecho de educar en el fracaso como parte del aprendizaje desde las edades más tempranas permitirá que nuestros hijos tengan esa lucha ganada.

Por otro lado, vivimos en un momento lleno de incertidumbres, cambios continuos que se suceden a gran velocidad y que afectan a nuestro día a día, lo que nos impide planificar a largo plazo. Así, nos vemos obligados a adaptarnos al cambio constante. En este sentido, la pérdida del miedo al fracaso en el contexto del emprendimiento favorece una mejor adaptabilidad y mayor capacidad de reacción ante las transformaciones.

Por último, uno de los aspectos más importantes con los que una persona que quiera emprender debe contar es con poder verse reflejada en un referente. Tenemos que hacer patente que emprender es una opción, que hay personas que lo están haciendo y que cualquiera que demuestre esfuerzo y tenga las herramientas necesarias (y, por qué negarlo, algo de suerte) puede ser un emprendedor de éxito. Desde la infancia tendemos a buscar referentes; no cabe duda de que necesitamos a personas en quienes vernos reflejados.

Es por eso por lo que debemos educar con el ejemplo. Enfrentarnos a la vida con una actitud emprendedora, afrontando la incertidumbre y buscando sin cesar soluciones a los problemas que puedan surgir es la mejor forma de educar a nuestros hijos para fomentar su espíritu emprendedor.

CÓMO TRABAJAR CONJUNTAMENTE PADRES, PROFESORES Y ALUMNOS

CRISTINA FORTUNY. Fundadora de B NetSmart y economista con experiencia en investigación de mercados y marketing. Comunicadora, conferenciante y escritora

Diego, un niño de 10 años, llegó nervioso a la escuela. Tenía que contarle a algún compañero lo que había visto la tarde del día anterior. Con quien primero se encontró fue con Pablo, su amigo del fútbol. «No sabes lo que vi ayer. Me metí en PornHub», le susurró a Pablo. Este contestó: «¿Porn... qué?». «Mira, mira tú mismo», le comentó al tiempo que le mostraba a escondidas la tableta que llevaba en la mochila aún con la página abierta del sitio pornográfico. Fue poco lo que Pablo logró ver porque en ese momento llegó la maestra, pero sintió la suficiente intriga como para llegar a casa e intentar entrar en la misma página que le había mostrado Diego. Sin embargo, no lo consiguió. El sistema de control parental que habían configurado sus padres bloqueó la búsqueda y su mamá recibió un correo con una advertencia de lo sucedido.

Carmen, su madre, quedó sorprendida. Imaginaba que en algún momento su hijo sentiría curiosidad por el tema de la sexualidad, pero no se esperaba que a los 10 años intentase entrar en una página como PornHub. Por eso, al llegar a casa, buscó un momento para hablar con su hijo sobre lo sucedido y Diego le confesó lo que había pasado en el colegio. Carmen intentó mantener la calma, pero cuanto más lo pensaba, más se enfadaba. «¿Cómo es posible que los padres de Pablo no fuesen más cuidadosos?, ¿por qué la escuela permite que los niños lleven tabletas?, ¿por qué la maestra no hizo nada al respecto?» eran algunas de las preguntas que le rondaban. Decidió que al día siguiente a primera hora presentaría una queja ante Mónica, la directora de la escuela.

Lo cierto es que la tecnología nos obliga a colaborar y trabajar en equipo. No solo facilita las comunicaciones y da acceso a la información, sino que cada

La tecnología nos obliga a colaborar y trabajar en equipo.

vez hace más evidente que las decisiones de una persona afectan en buena medida al resto de la sociedad. No es algo nuevo. Hasta cierto punto, siempre ha sido así, pero en la actualidad lo vivimos con situaciones que nos enfrentan a esa realidad de manera insoslayable. Resulta imposible no darse cuenta. La forma en que cada familia decide abordar la educación en lo concerniente a la tecnología (o no hacer nada en absoluto al respecto) influye en quienes conviven con el menor en el ámbito escolar. Los docentes tienen que afrontar las consecuencias de esas decisiones (que a menudo también sufren) y en la gran mayoría de los casos es a quienes los padres acuden en reclamo de soluciones.

Por eso, con el desarrollo tecnológico actual, los adultos tenemos que asumir nuestra responsabilidad a la hora de educar y hacerlo en un contexto que vaya más allá de lo individual. Es la única manera de tomar conciencia de cómo cada una de las decisiones que adoptemos, o no adoptemos, afectan no solo a nuestros hijos, sino también a su entorno.

De igual forma, las escuelas han de desempeñar un nuevo rol, el de educar e impulsar la formación de los padres de familia en ciudadanía digital. Lo quieran o no, el ámbito escolar es el entorno en el que se padecerá de primera mano el resultado de la desinformación o falta de interés de los padres de familia en estos asuntos. Los alumnos que no cuenten con la suerte de tener progenitores con las competencias necesarias para guiarlos de manera adecuada en su formación digital solo dispondrán de la escuela como único recurso en educación digital.

La tecnología nos está brindando la oportunidad de educar como siempre se ha debido hacer: anteponiendo el bienestar colectivo a los intereses personales.

El modelo según el cual determinadas cosas se enseñan en casa y otras en la escuela, de manera estanca, ya ha quedado obsoleto. Idealmente, padres, educadores y alumnos deben trabajar de la mano, compartir información y todo aquello que beneficie a la comunidad y minimice en lo posible el riesgo de que los alumnos se involucren en conductas de riesgo en el espacio digital. Los adolescentes deben compartir con los adultos de su entorno los principales retos que afrontan mientras crecen rodeados de tecnología para que de esta forma se les pueda apoyar en lo que verdaderamente necesitan, más allá de juicios y críticas. También deben alertar a los padres y maestros sobre situaciones de posible peligro para los niños más pequeños y que solo ellos, como conocedores de primera mano, pueden advertir.

Habrá a quien esta nueva realidad le cause temor. Sin embargo, considero que la tecnología nos está brindando la oportunidad de educar como siempre se ha debido hacer: anteponiendo el bienestar colectivo a los intereses personales.

NIÑOS Y PRESENCIA EN REDES SOCIALES

MANUEL MORENO. Consultor de marketing digital y formador y fundador de TreceBits.com, el primer portal de información en español sobre internet, redes sociales y tecnología

¿De qué manera usan los niños las redes sociales? ¿Cómo pueden hacer los padres para que los pequeños se encuentren en un entorno más seguro cuando empleen estas plataformas digitales? ¿Cómo combatir los peligros que los amenazan y lograr que su experiencia sea beneficiosa y saludable?

Seguro que has leído numerosos artículos que tratan de dar respuesta a estas preguntas, que se realizan prácticamente todos los padres, tutores y educadores. Puede que hayas escuchado hablar a expertos sobre el tema o incluso hayas asistido a conferencias y charlas educativas en el centro escolar de tu hijo.

Sin lugar a duda, adquirir formación en este ámbito —la mejor solución para combatir el desconocimiento y los peligros que puede conllevar el uso de las redes sociales— ayudaría a que los menores tuvieran una experiencia más provechosa en estas plataformas. Pero se está pasando un importante detalle por alto: en sentido estricto, de acuerdo con la legislación vigente, los menores de determinada edad no pueden crear perfiles propios en las redes sociales.

Según las condiciones de uso de las principales redes sociales, los menores de 13 años no pueden crear perfiles en ellas. Así se establece en plataformas como Facebook, Instagram o TikTok; todo usuario que abre una cuenta lo acepta de forma —supuestamente— consciente. Sin embargo, otra cosa distinta es el uso que de ellas hacen los adolescentes, realidad que merece ser analizada con detalle para ayudarles a mejorar su experiencia online.

Además de las normas que estipula cada red social, también es necesario atender a la legislación vigente en cada territorio. En España, por ejemplo, no está permitido por ley que los menores de 14 años puedan tener perfiles en redes sociales y otros muchos países son aún más restrictivos en este sentido al establecer la edad mínima en los 16 años.

Pese a todo, es muy habitual que niños menores de esas edades tengan un perfil, publiquen contenidos e interactúen con otros usuarios en redes sociales. Seguramente conoces a muchos niños que emplean estas herramientas, incluso con el permiso de los padres, muchos de los cuales desconocen la limitación legal.

Según las condiciones de uso de las principales redes sociales, los menores de 13 años no pueden crear perfiles en ellas.

Las propias compañías propietarias de las redes sociales pasan por alto esta realidad, pues realizan esfuerzos poco efectivos para impedir que los menores creen perfiles mintiendo acerca de su edad en el momento de darse de alta en la plataforma. Dado que no se solicita una acreditación de la edad, se entiende que la mayor parte de esas empresas confían en que otros usuarios adviertan la situación y denuncien los perfiles de menores que encuentren. Se trata, con todo, de una circunstancia que no suele tener lugar pues, como comentábamos, lo habitual es que los niños tengan presencia en las redes sociales y el resto de los usuarios lo acepten.

Además, a las plataformas les interesa mirar para otro lado, ya que esos perfiles suman en el número de cuentas totales activas, usuarios mensuales y diarios, cifras que posteriormente presentan a los anunciantes para atraerlos. Eliminar los perfiles de los menores supondría un importante descenso en el número de usuarios activos de muchas plataformas, lo que lleva a un control escaso y a que otros usuarios de la red social tengan que asumir la responsabilidad de denunciar la situación.

Para paliar en cierto modo esta realidad, algunas compañías han lanzado versiones para niños de sus principales herramientas o plataformas digitales. Por ejemplo, YouTube dispone de una versión infantil, YouTube Kids, donde los menores consumen contenidos adaptados bajo la supervisión de sus padres o tutores. Facebook también lanzó una versión para niños de su herramienta de mensajería instantánea, Facebook Messenger, que incluye control parental y herramientas específicas para los menores.

Así estas compañías logran retener a los menores de edad y, por ende, evitan que descienda el número total de usuarios. Además, se fideliza al menor, que posiblemente cuando crezca continúe empleando las versiones para adultos. Pese a todo, el reto de estas empresas es conseguir proporcionarle una experiencia adecuada a su edad.

En la actualidad se emplean algoritmos e inteligencia artificial para monitorizar el uso que hacen los menores y los contenidos que comparten. Sin embargo, la efectividad no es total y con frecuencia se sigue confiando en la monitorización paterna para garantizar que las versiones para los menores sean entornos seguros. Tanto es así que algunas compañías han decidido no contar más con una versión infantil.

Tal es el caso de Instagram, que destinó millones de dólares —y muchos otros recursos— al desarrollo de Instagram Kids, la versión para menores de 13 años de la plataforma y cuyo lanzamiento había anunciado la compañía a bombo y platillo. Sin embargo, la desconfianza que generó entre padres y tutores la llegada de la versión para niños de la red social, así como la imposibilidad de garantizar que la experiencia fuera totalmente segura, llevó a Meta a abandonar el proyecto y centrarse en el desarrollo de mejores sistemas de control de contenido y a la creación de un centro de ayuda para que los padres supervisen el uso que sus hijos hacen de la plataforma.

A pesar de todo lo expuesto, la realidad es que miles de niños en todo el mundo emplean las redes sociales con el beneplácito de sus padres, bien sea por desconocimiento de la normativa o simplemente por aceptación social o la imposibilidad de negarles la presencia en ese entorno digital, donde, además, ya se encuentran todos sus amigos. Ante esta realidad, la educación para el buen uso de estas plataformas y el fomento de los lazos de confianza y comunicación entre padres y pequeños usuarios de las redes sociales son las principales vías para lograr que la experiencia digital de los menores sea lo más segura posible.

MENORES Y CIBERDELITOS. CÓMO EVITAR QUE TU HIJO SEA UN CIBERDELINCUENTE

Borja Adsuara. Profesor, abogado y consultor. Experto en derecho, estrategia y comunicación digital. Doctor en Derecho por la Universidad Complutense de Madrid

Muchos padres están preocupados —con razón— por que sus hijos sean víctimas de un ciberdelito. Pero pocos se inquietan por que sus hijos sean los autores. Cabe recordar que los menores de edad que cometen ciberdelitos también tienen padres. Por eso, aparte de vigilar a nuestros hijos para que no sean víctimas, el primer deber de los padres es evitar que sean unos delincuentes.

INFORME SOBRE LA CIBERCRIMINALIDAD Y BALANCE DE LA CRIMINALIDAD EN ESPAÑA

El Informe sobre la Cibercriminalidad en España de 2021, del Ministerio del Interior, afirma que en España se produjeron, según recogieron los cuerpos y fuerzas de seguridad, un total de 305 477 supuestos ciberdelitos. Hay que tener en cuenta que existe una cifra indeterminada de ciberdelitos que no se llegan a denunciar y que, por ende, no se llegan a conocer.

Por su parte, el Balance de Criminalidad en España (2021), elaborado por el mismo ministerio, indica que en el año referido las fuerzas y cuerpos de seguridad tuvieron conocimiento de un total de 1 957 719 infracciones penales. Según estas cifras, los ciberdelitos «solo» representan el 15,6 % de los delitos (conocidos) que se cometieron en España. Así que podemos decir que el entorno digital es, al menos aún, más seguro que el físico.

EVOLUCIÓN DE LOS CIBERDELITOS

No obstante, la cifra de ciberdelitos conocidos de 2021 supone un incremento del 6,1 % con respecto a los del año anterior (287 963). Pero en 2020 se había producido, a su vez, un aumento del 32 % con respecto a 2019, en que se conocieron 218 302 hechos supuestamente delictivos. No olvidemos que en 2020 pasamos mucho más tiempo en internet por la pandemia.

De 2017 a 2021 (periodo que se recoge en el informe), los ciberdelitos conocidos aumentaron en un 160,2 % (en 2017 se produjeron un total de 117 399 hechos conocidos). Y entre 2012 (en que se tuvo conocimiento de 42 812 ciberdelitos) y 2021 aumentaron un 613,5 %. Es decir, la cifra de ciberdelitos conocidos ha aumentado año tras año a gran velocidad.

Evolución de su peso específico

La proporción de los ciberdelitos respecto del total de infracciones penales conocidas en España en 2021 ha disminuido ligeramente respecto del año anterior (en concreto, en un 16,3 %). Pero hay que tener en cuenta que el total de infracciones penales cometidas en España en 2020 fue de 1 766 779 (disminuyó un 19,3 % respecto a 2019 debido a la pandemia), mientras que en 2021 fue de 1 957 719 (aumentó un 10,8 %).

En 2012, los ciberdelitos conocidos representaban tan solo el 1,9 % del total de las infracciones penales cometidas en España. En 2017, los ciberdelitos conocidos representaban el 5,7 % del total de los delitos (conocidos) cometidos en España y en 2021 representaron el 15,6 %. Es decir, su proporción ha ido aumentando rápidamente respecto del total de delitos.

Menores víctimas de ciberdelitos en 2021

Según el Informe de Cibercriminalidad en España del año 2021 (en su apartado 4.10, «Victimizaciones registradas según grupo penal y edad»), el número de víctimas menores de edad de ciberdelitos conocidos fue de 3733 (el 1,22 % del total). Destacan las amenazas y coacciones (1345), los delitos sexuales a través de internet (1053) y los fraudes informáticos o las ciberestafas (668).

En cuanto a la diferencia por sexos, cabe citar que, de los 3733 menores de edad que fueron víctimas de ciberdelitos, 1396 fueron chicos (37,4 %) y 2320 chicas (62,1 %). La mayor diferencia se observa en los delitos sexuales (319 chicos frente a 718 chicas), aunque también llama la atención lo relativo a amenazas y coacciones (587 chicos frente a 757 chicas); la disparidad es menor en lo concerniente a ciberestafas (325 chicos frente a 343 chicas).

Menores autores de ciberdelitos en 2021

Según el Informe de Cibercriminalidad en España del año 2021, los cuerpos y fuerzas de seguridad detuvieron o investigaron (pusieron a disposición judicial) a un total de 448 menores de edad (entre 14 y 17 años) como presuntos responsables de ciberdelitos; de los cuales 325 eran chicos (72,5 %) y 123, chicas (27,5 %).

En cuanto al grupo penal o tipo de ciberdelito, en total y distinguiendo por sexo (apartados 4.20, 4.22 y 4.24), los menores de edad fueron autores de 183 coacciones y amenazas (110 chicos y 73 chicas), 105 fraudes informáticos o ciberestafas (80 chicos y 25 chicas), 73 accesos o interceptaciones ilícitas de las comunicaciones (51 chicos y 22 chicas) y 60 delitos sexuales (60 chicos).

Evolución de los datos de menores de edad víctimas y autores de ciberdelitos

A falta de un estudio más exhaustivo, téngase presente que en 2020 (el primer año de la pandemia) hubo 3430 víctimas (1403 chicos y 2024 chicas) y 453 responsables (366 chicos y 87 chicas) de ciberdelitos conocidos. Esto quiere decir que en un solo año se ha producido un incremento de 303 víctimas menores de edad (8,8 %) y solo un aumento de 5 autores menores de edad (1,1 %). En 2017, hubo 2287 víctimas menores de edad y 368 autores; es decir, un 38,7 % menos de víctimas y un 17,8 % menos de autores con respecto de 2021. En 2014 hubo 1833 víctimas menores de edad y 397 autores; es decir un 83 % menos de víctimas y un 12,8 % menos de autores que en 2021. Todo esto indica el rápido incremento observado en la franja de edad comprendida entre los 14 y los 17 años.

Conclusión: prevención, educación y comunicación

Aparte de adoptar medidas de prevención (en especial, respecto a los más pequeños), la única solución para evitar que los menores de edad (sobre todo, los adolescentes) sean víctimas o autores de ciberdelitos es, sin duda, la educación y la comunicación. Se habla sin cesar de «educar en valores», pero sería recomendable tener más presentes los valores del Código Penal, pues nadie desea que sus hijos acaben siendo unos ciberdelincuentes.

POR QUÉ NO PUEDES PUBLICAR FOTOS DE TUS HIJOS EN LA RED SI TU EXPAREJA NO LO AUTORIZA

DELIA RODRÍGUEZ. Abogada de familia y mediadora. CEO de Vestalia Abogados de Familia y socia fundadora de la Asociación Madrileña de Abogacía de Familia e Infancia (AMAFI)

El imparable auge de las redes sociales, que venimos experimentando en los últimos tiempos, ha traído consigo una normalización de la exposición constante de la vida familiar y la intimidad de las personas.

Esta nueva circunstancia también incluye la continua exhibición del día a día de los más pequeños de la casa, a quienes algunos progenitores no dudan en utilizar para acumular *likes* y seguidores, e, incluso, con fines comerciales.

En la Constitución española se establecen una serie de garantías adicionales para asegurar la protección de los derechos al honor, la intimidad y la propia imagen de los menores.

Si hay terceras personas, ajenas a la familia, resulta evidente que se deberá recabar el consentimiento expreso de quien corresponda antes de exponer a un menor en cualquier medio de comunicación. Es más, si la exposición del niño o niña menoscabase sus derechos fundamentales, causándole un perjuicio, cabría incluso excluir dicho consentimiento de los padres.

Sin embargo, ¿qué ocurre cuando los progenitores vulneran, a veces sin ser conscientes de ello, estos derechos fundamentales de sus hijos menores de edad? ¿Es legítimo publicar en redes una foto de su retoño dándose su primer baño? ¿Pueden los padres hacer publicidad de una marca de ropa mediante un vídeo en el que figure su bebé con alguna de sus prendas?

En caso de separación o divorcio de los padres nos podemos encontrar con numerosas situaciones de confrontación a tenor de la exposición de los hijos en las redes sociales o en otros espacios virtuales. No es infrecuente que surjan importantes discrepancias entre ellos en cuanto a la toma de decisiones al respecto.

En primer lugar, debemos saber que el artículo 154 del Código Civil indica que los progenitores que ostentan la patria potestad (elenco de derechos y obligaciones en relación con los hijos menores) la ejercerán siempre en interés de los hijos, de acuerdo con su personalidad, y con respeto a sus derechos, su integridad física y mental.

La publicación de imágenes en redes sociales, o en cualquier otra plataforma digital —como pueda ser la página web del colegio—, de los hijos en común es una decisión que corresponde tomar a ambos progenitores o tutores legales.

La publicación de imágenes en redes sociales, o en cualquier otra plataforma digital, de los hijos en común es una decisión que corresponde tomar a ambos progenitores o tutores legales.

En segundo lugar, ha de saberse que, cuando los padres están separados y existe desacuerdo entre ellos, podrá acudirse a la vía judicial (tal como contempla el artículo 156 del Código Civil), bien para pedir autorización, bien para solicitar que se retire inmediatamente cualquier imagen o vídeo publicado por uno de los progenitores sin el pertinente permiso del otro. Además, cuando los niños tienen suficiente madurez —y, en todo caso, si son mayores de 12 años—, podrán ser escuchados ante el tribunal para dar su opinión.

Por último, es importante saber también que existe la figura del Ministerio Fiscal, órgano que, en el marco de sus funciones, tiene encomendada la tarea de velar de forma activa por el respeto de los derechos al honor, la intimidad y la propia imagen de los menores.

De acuerdo con mi criterio profesional, en este contexto cabe plantearse si, como sociedad, normalizar el hecho de compartir en la red retazos de nuestra vida, y la de nuestros niños, no representa, más que una modernidad, un retroceso en la protección de los derechos de la infancia.

LOS RIESGOS DE LOS JUEGOS DE AZAR Y LAS APUESTAS DEPORTIVAS

JUAN FRANCISCO NAVAS. Doctor en Psicología. Profesor del Departamento de Psicología Clínica de la Universidad Complutense de Madrid. Experto en adicciones comportamentales

Cuando empecé a investigar sobre la adicción a los juegos de azar (entre los que se incluyen las apuestas deportivas), la primera pregunta que me planteé era de qué manera se puede ser adicto a una conducta que no implicar ingerir o consumir nada tangible, como sucede con el tabaco, el alcohol o la cocaína, por ejemplo.

Me parecía evidente que, cuando hay una sustancia de por medio, algo en ella hace que se pueda terminar perdiendo el control sobre su consumo. Así lo indica la fascinante y compleja literatura científica: cómo las sustancias adictivas «cortocircuitan» varios sistemas cerebrales, fundamentalmente modificando su funcionamiento neuroquímico. El más conocido es el sistema dopaminérgico de recompensa, pero no es el único. Hay otros, como el circuito cerebral del placer —en circunstancias normales ambos trabajan en armonía, como el conjunto del cerebro— o los que nos permiten tener funciones ejecutivas, como la capacidad de inhibición. Todos ellos influyen radicalmente en cómo tomamos decisiones. En pocas palabras, la marca distintiva de una adicción es la imposibilidad de controlar un impulso de enorme intensidad que lleva a la persona que la padece a consumir lo que le provoca la adicción, a pesar de las consecuencias negativas que produce a largo plazo.

Dicho esto, he de reconocer que me llevó un tiempo comprender que, en el caso de los juegos de azar, ese «cortocir-

La marca distintiva de una adicción es la imposibilidad de controlar un impulso de enorme intensidad que lleva a la persona que la padece a consumir lo que le provoca la adicción, a pesar de las consecuencias negativas que produce a largo plazo.

cuito» lo produce la combinación de los dos elementos básicos de esta actividad: el azar y el dinero. Los dos ingredientes son necesarios. Téngase en cuenta que, básicamente, un juego de azar consiste en apostar una cantidad de dinero al resultado de un evento dependiente del azar con el objetivo último de ganar una cantidad mayor a la apostada. El azar implica que no se puede predecir qué va a ocurrir. Hay muchas personas que creen que pueden hacerlo (volveremos a ello en breve), pero en última instancia es imposible. En psicología, el mecanismo por el que se dan las recompensas se denomina «programa de reforzamiento». En el caso del juego de azar, este programa es aleatorio, lo que conlleva un hecho fundamental: los eventos son independientes entre sí, por lo que, pase lo que pase en un primer evento, no cambia la probabilidad de lo que pueda suceder después.

En la vida, la mayor parte de las cosas no funcionan así. Si has acertado una vez en el centro de una diana con un dardo, puede ser que se deba a que hayas estado afinando tu puntería. Si sigues practicando, es muy probable que mejores y, con ello, las opciones de que aciertes irán aumentando. Pero ¿has probado alguna vez a tirar un par de dados? Si una vez obtuviste dos seises, no significa que poco a poco vayas a mejorar y tengas más control sobre el resultado en cada tirada.

El azar es una circunstancia particular que no se puede aprender ni controlar. Esta imposibilidad hace que en el juego de azar siempre

Las personas impulsivas tienen más posibilidades de empezar a consumir y a apostar.

predomine un estado de incertidumbre psicológica; un estado muy vinculado al interés que nos genera la apuesta (y que está ligado íntimamente a querer ganar el premio). A nivel cerebral, esa incertidumbre psicológica fuera de todo control se traduce en un funcionamiento anómalo de los sistemas de recompensa, placer y toma de decisiones que, dada una serie de circunstancias que esbozaremos a continuación, hacen que algunas personas generen adicción.

Con esto hemos esbozado la primera pieza para explicar por qué el juego de azar puede ser adictivo. Ahora bien, hacen falta más elementos porque, al igual que ocurre con las adicciones a sustancias, no todas las personas que consumen o apuestan terminan desarrollando una adicción.

Tradicionalmente, en lo que a adicciones se refiere se ha puesto el foco en cuestiones personales; en el caso del juego de azar también ha sido así. Por ejemplo, las personas impulsivas tienen más posibilidades de empezar a consumir y a apostar y, una vez iniciados, es más probable que desarrollen problemas para controlarse. Otro aspecto —este, específico de los juegos de azar— es tener creencias supersticiosas; por ejemplo, creer en un amuleto de la suerte. Si analizamos con detalle qué supone la superstición, se puede entender mejor la dinámica. Un amuleto implica creer que la probabilidad de que tenga lugar un hecho azaroso puede verse alterada, es decir, que sea más o menos probable. Es decir, se cree que se puede influir para que el azar juegue a tu favor. Si esta creencia se aplica al juego de azar, la persona que juega puede convencerse de que es más fácil ganar en un sorteo de lotería o en un torneo de póquer cuando lleva dicho amuleto. Algunos de los trabajos del equipo de investigación que dirijo han contribuido a esclarecer el complejo nudo de emociones, impulsos y distorsiones que explican, en parte, por qué algunas personas son más proclives a desarrollar problemas con el juego.

Más allá de los factores individuales, también hay factores propios del contexto social. Un ejemplo que nos afecta a todos tiene que ver con la enorme disponibilidad y fácil acceso a los juegos de azar.

Hay casas de apuestas por doquier. Podemos incluso acceder a un casino a través del móvil. A lo que se añade la sobredimensión de su publicidad o, dicho de una forma más prosaica, el continuo bombardeo publicitario asociado del que somos víctimas desde hace al menos una década, pese a que en la actualidad es menos intenso, pero ni mucho menos inexistente (a veces camuflado en el entorno de las redes sociales).

La adicción necesita de ambos factores: una dosis de vulnerabilidad personal y un contexto facilitador. Ahora bien, el juego de azar actual tiene cada vez menos que ver con el de veinte años atrás. Hoy en día predominan los dominios puntocom, el internet de las cosas, una regulación más laxa, el florecimiento de multitud de operadores de juego y un alto grado de sofisticación gracias a la inteligencia artificial. El juego de azar moderno es una obra de ingeniería perfectamente diseñada para potenciar que las personas apuesten más veces, más tiempo y más dinero del que podían haber previsto de antemano. Por ello, para terminar de entender la complejidad de este tipo de adicción —a los juegos de azar y en línea— a la luz de los principales modelos científicos de vanguardia, hay que acercarse al objeto de estudio.

De nuevo, la literatura acerca del asunto es extensa y sus conclusiones, inquietantes. Resumo a continuación algunas cuestiones que considero claves al respecto y que condenso en lo que denomino «cuatro trampas».

La **primera de las trampas** supone que los operadores de juego cuentan siempre con una ventaja estadística que hace que a la larga la probabilidad siempre les favorezca. El ejemplo más ilustrativo es el de la ruleta. En la ruleta europea hay 37 números (36 rojos o negros y un 0 de color verde). Ganar implica recibir 36 veces la cantidad apostada. Sin entrar en cálculos de probabilidad, como ejemplo ilustrativo del margen del operador, se entiende que, si apuestas 1 euro a todos los números de la ruleta, te gastarías 37 euros, pero solo ganarías 36. En cada ocasión perderías 1 euro. Esa desventaja hará que a largo

> La adicción necesita de ambos factores: una dosis de vulnerabilidad personal y un contexto facilitador.

plazo la probabilidad de perder sea mayor para quien apuesta. Por lo tanto, la primera de las trampas es que los juegos de azar están diseñados para que sean rentables para sus operadores.

La **segunda trampa** tiene que ver con el diseño específico de muchas modalidades de juego, que generan y potencian creencias distorsionadas sobre qué se puede controlar y predecir. En este sentido, uno de los ejemplos más sencillos que ilustra este aspecto es lo que se denominan «eventos casi gano». Estos consisten en obtener resultados muy cercanos a obtener el premio o la recompensa. Por ejemplo, necesitas tres cerezas para ganar en un juego de rasca y las dos primeras lo son. La tercera es (casi siempre) otra cosa distinta. El efecto que tienen estos eventos es que generan una falsa sensación, de que por poco no obtienes el premio. Sin embargo, es falsa porque el resultado de una apuesta no incide de ninguna manera en las demás, pero tu cerebro no lo entiende así y responde como si estuvieras aprendiendo; al igual que ocurre con el juego de los dardos. Por lo tanto, aunque en realidad no estés a punto de ganar, las emociones, impulsos y pensamientos que afloran se parecen mucho a los que suceden cuando estás a punto de conseguir algo que quieres. Los juegos de azar se diseñan para que haya un número mayor de estos eventos de lo que sería esperable si respondieran al puro azar. De esta manera se potencian las creencias distorsionadas relacionadas con la capacidad de control de los resultados del juego. Esta trampa se podría resumir en que el diseño de los juegos de azar los hace todavía más engañosos de lo que ya son de por sí.

La **tercera trampa** guarda relación con la forma en que se diseñan los lugares de juego, ya sean físicos u online: ausencia de luz solar, jugar con fichas en lugar de con dinero real o con el dinero depositado en una cuenta digital. Estas circunstancias favorecen que se apueste más, que se lleven peor las cuentas de cuánto se ha gastado o cuánto tiempo se lleva jugando. Otras tienen más trascendencia, como que resulte mucho más fácil introducir dinero en una cuenta de un casino online que sacarlo. Lo primero suele ser inmediato. En cambio, sacarlo después de conse-

Los juegos de azar están diseñados para que sean rentables para sus operadores.

guir un premio se demora mucho más. Esta demora hace que algunas personas se arrepientan y decidan volver a apostarlo, con el riesgo que ello entraña de perderlo. En resumen, la tercera trampa supone que los lugares de juego están diseñados para reducir, en la medida de lo posible, todo obstáculo entre el apostante y el juego de azar, lo que conlleva que se prolonguen los episodios de juego y, con ello, se facilite el gasto.

Los juegos de azar son adictivos de por sí, pero se pueden diseñar para que lo sean aún más.

La **cuarta trampa** está vinculada con la publicidad y promoción. De nuevo, se podrían mencionar decenas de estrategias que se han utilizado y utilizan para ello, pero, por una mera cuestión de espacio, me ceñiré a una: vincular el éxito en las apuestas deportivas a la intuición. Creer que se tiene capacidad para discernir qué va a ocurrir en una actividad donde, en realidad, no se puede predecir con exactitud resultado alguno puede tener como efecto que se potencien algunas distorsiones cognitivas a las que ya se ha hecho mención. Se trata, en definitiva, de hacer creer que es más fácil ganar en el juego de azar de lo que realmente supone.

Por lo tanto, para entender la adicción a los juegos de azar no solo hay que atender a la persona que apuesta o a su contexto social, sino que hay que analizar también el juego de azar en sí mismo.

Los juegos de azar son adictivos de por sí, pero se pueden diseñar para que lo sean aún más. Se pueden promocionar para que parezcan menos peligrosos, incluso cubrirlos de cierto barniz de *glamour*. A quienes nos dedicamos a la investigación y a la prevención de los problemas del juego de azar no se nos debe olvidar que el mayor riesgo proviene del propio juego. Un producto que, además, en muchas ocasiones aprovecha las vulnerabilidades de algunas personas.

CÓMO PREVENIR LOS RIESGOS DIGITALES

JORGE FLORES. Licenciado en Informática por la Universidad de Deusto. Fundador y director de PantallasAmigas desde 2004

Son muchas las incertidumbres, las preguntas, los recelos, las inquietudes y las emociones que padres y madres afrontamos en relación con la crianza digital de nuestras hijas e hijos. Nos puede abrumar cierta confusión que, a la postre, se traduce en la pérdida de referencias claras para poner el foco en lo esencial: contribuir de forma determinante y constructiva al desarrollo saludable y a la autonomía progresiva de nuestros hijos en el entorno digital. Aunque en el camino podamos cometer errores, lo importante es mantener una actitud, un estilo y una forma adecuados de educar. Para ello, se propone a continuación un decálogo, a modo de pautas de actuación concretas, para quien quiera seguir una parentalidad positiva en el contexto digital:

1. ACOMPAÑA Y COMPARTE MOMENTOS DE PANTALLA EN FAMILIA

Las oportunidades que ofrece esta práctica van más allá de aprender juntos o tener la ocasión de supervisar de cerca. Buscar de manera regular ocasiones para estar presente, de forma más o menos activa, en la vida digital de los menores es una condición necesaria para estimular la empatía y generar la confianza necesaria para la labor de crianza. Los videojuegos, por ejemplo, son una muy buena opción para cualquier edad.

2. ESCUCHA, INTERÉSATE POR LO QUE HACEN, NO PREJUZGUES Y EMPATIZA

La rapidez con la que evolucionan los nuevos tiempos digitales y sus herramientas no ayuda a que conectemos con los pequeños de la casa. La barrera tecnológica se suma a la generacional y ello hace todavía más importante tender puentes teniendo presentes la proximidad, la apertura de mente, la escucha activa y la empatía.

3. Sé *INFLUENCER* EN POSITIVO DANDO BUEN EJEMPLO

El aprendizaje por imitación ocupa un espacio crucial en la adopción de conductas y valores. Por fortuna, cada día tenemos muchas oportunidades de educar ejerciendo una influencia positiva mediante el buen ejemplo. Este comportamiento modélico es, además, una condición necesaria para ejercer la autoridad moral que nos habilita para plantear a nuestros hijos pautas de uso adecuado de las tecnologías de internet.

4. PROMUEVE LA UTILIZACIÓN CONSCIENTE Y CRÍTICA DE LOS MEDIOS DIGITALES

Las pantallas conectadas aportan una experiencia vital llena de posibilidades y recompensas. Por resultar muy accesibles, constituyen una tentación permanente que hay que aprender a modular. Es importante fomentar en nuestros hijos una actitud más reflexiva y menos impulsiva ante el uso de las plataformas digitales que les permita, también, identificar excesos y tomar decisiones para un uso y disfrute más equilibrado.

5. ESTIMULA USOS ALTERNATIVOS Y CREATIVOS

Al igual que la vida fuera de la red, la que transcurre online es una oportunidad para crecer en el sentido pleno de la palabra. Estimular el aprovechamiento de internet, desarrollar capacidades y despertar inquietudes deben estar también entre nuestros propósitos como padres en la era digital.

> **El aprendizaje por imitación ocupa un espacio crucial en la adopción de conductas y valores.**

6. PRUEBA, ARRIESGA Y EXPERIMENTA EN PRIMERA PERSONA

Explorar el espacio digital para descubrir nuevas oportunidades (personas, plataformas, tendencias, iniciativas de ocio, cultura y activismo...) o para conocer con más detalle algo presente en la vida de tus hijos es una obligación. Hacerlo en primera persona, con humildad y constancia, da los mejores frutos. La pereza, con frecuencia, se disfraza de prudencia, miedo o indiferencia.

7. Piensa en cómo mejorar el efecto de las tecnologías en tus hijos

Acompañar, además de no perder el paso, implica contribuir a que el camino discurra de forma óptima. Exige una actitud proactiva que, en un proceso de mejora continua, identifique y ponga en marcha medidas que permitan enriquecer el impacto de las tecnologías digitales en la vida de nuestros hijos.

8. Establece momentos y límites claros para prescindir del móvil

Desconectar permite darnos la oportunidad de situar nuestra atención fuera de las pantallas, realizar otro tipo de actividades o hacerlas de otra manera. Establecer límites también ayuda a prevenir e identificar situaciones problemáticas que pudieran surgir, como, por ejemplo, el uso abusivo o el ciberacoso. Estimar un tiempo máximo de conexión y, sobre todo, fijar franjas horarias o situaciones sin pantallas es una buena práctica.

9. Mantente al día, busca la información que necesites para ayudar a tu familia

En el mundo digital, las novedades surgen con celeridad. Habrá momentos en los que nos sintamos perdidos por falta de información o incapaces de afrontar un nuevo reto. El funcionamiento de una red social recientemente aparecida o las dinámicas en torno a un videojuego pueden parecernos algo complejo de comprender. Sin embargo, todo ello está a nuestro alcance; basta con dedicar tiempo y buscar en la red una fuente fiable con información actualizada que nos ayude. Conocer nos proporciona la capacidad de supervisar, participar y proponer con confianza propia y, no menos importante, también podremos transmitirla a otras personas.

> Es importante fomentar en nuestros hijos una actitud más reflexiva y menos impulsiva ante el uso de las plataformas digitales.

10. FOMENTA EN TUS HIJOS EL DESARROLLO DE LAS HABILIDADES QUE NECESITAN EN LA VIDA DIGITAL

Vivir supone afrontar desafíos para los cuales debemos contar con diferentes capacidades, de tipo cognitivo, social o emocional, que se interrelacionan. Estar en el mundo online es vivir online y la vida digital forma parte de la vida real. Por lo tanto, también requiere de esas habilidades, aunque, por ser un contexto diferenciado, se necesita estimular más algunas de ellas, como la empatía, el pensamiento crítico y la gestión de emociones e impulsos.

Cada hogar es un mundo, como particulares son las circunstancias de cada caso, desde la edad de los menores hasta el modelo de familia. A pesar de todo, estas diez indicaciones generales pueden ser, *mutatis mutandis*, de sencilla aplicación a los distintos escenarios posibles.

ACOSO Y CIBERACOSO.
VIOLENCIA ENTRE IGUALES

José Antonio Luengo. Licenciado en Psicología y especialista en Psicología Educativa y Sanitaria. Catedrático de enseñanza secundaria. Decano del Colegio Oficial de la Psicología de Madrid

La violencia está demasiado presente en nuestra sociedad. Resulta de muy fácil acceso para nuestros niños, niñas y adolescentes; en diferentes formas, espacios y escenarios. Y, lo que es más importante, sin que el mundo adulto esté acertando por el momento a dar respuesta a cómo modular y gestionar —y, por supuesto, acompañar— la lectura e interpretación de ese tipo de contenidos. E incorporan en ocasiones como corolario de tal suerte de influencia.

Probablemente en la historia de la humanidad no encontremos un periodo en el que la sociedad rechace y luche más esforzadamente contra la violencia. Sin embargo, una sociedad que persigue este objetivo se ve, asimismo, obligada a mostrarla cuando aparece. La hace visible, siempre a fin de sensibilizar en su contra y desarrollar una pedagogía activa para luchar de forma efectiva contra la lacra que supone; en los diferentes ámbitos en que surge. Y es ahí, en ese espacio abierto, donde no parecemos disponer de los medios y las respuestas adecuadas para habilitar modos adaptativos y éticos. Nuestros niños y adolescentes, demasiado «solos» en los numerosos momentos en que exploran el mundo, en cualquier dimensión, se exponen a ella sin el necesario —y razonable, razonado, cuidadoso, fiable— acompañamiento. La creación de una ética de las relaciones interpersonales depende en gran medida de poder acondicionar ese lugar de encuentro entre adultos y niños, que ha de ser de diálogo, reflexión y aproximación conjunta.

Hay que decirlo e insistir: el acoso y el ciberacoso[1] entre iguales

---

1. Luengo-Latorre, J. A. (2019). *El acoso escolar y la convivencia en los centros educativos. Guía para el profesorado y las familias*. Consejo Escolar de la Comunidad de Madrid. Recuperado de: http://www.madrid.org/bvirtual/BVCM016443.pdf

son formas de violencia; no solo los conflictos o dificultades en el ejercicio del aprendizaje de la convivencia. Debemos hablar, esencialmente, de cuándo se produce el maltrato entre iguales. No se trata solo de violencia entre chicos. Debemos insistir en que abarca situaciones planificadas e intencionadamente reiteradas en las que un niño o adolescente es objeto de menosprecio, vejación, humillación, desprecio, degradación… En ocasiones, incluso, físicamente. Son situaciones que afectan al plano físico, emocional, psicológico, un atentado contra la dignidad, contra la integridad, ya sea psicológica o física. En los casos de acoso o ciberacoso entre iguales, la víctima se expone a un agravio y afrenta insondables, una situación de efectos y consecuencias de gran relevancia.

El acoso y el ciberacoso entre iguales son formas de violencia.

Llevamos tiempo intentando encontrar las claves para contener el fenómeno y, por consiguiente, reducir sus impactos. No solo para las víctimas; también para quienes provocan el daño. Y para quienes observan, independientemente de su implicación. Y para toda la comunidad educativa en su conjunto, que también se ve afectada. Pero, para ello, no basta con establecer normas y hacerlas cumplir.

Necesitamos articular buenas prácticas para favorecer espacios seguros, amables, respetuosos, que faciliten la ayuda necesaria, la solidaridad, los cuidados. Se ha de acompañar a los más desfavorecidos y vulnerables, a los más débiles. Y, en este contexto, se han de elaborar planes de convivencia[2] pensados y compartidos entre todos los agentes: profesorado, familias y alumnado. Este debe ser el camino, que se debe recorrer poco a poco, cuidando con esmero todos los pasos, que deben evaluarse con detenimiento.

Los planes se han de elaborar no solo a fin de prevenir e intervenir en situaciones de acoso y ciberacoso. Sino también para promo-

2. Luengo-Latorre, J. A. (Coordinador). (2020). *La elaboración del plan de convivencia en los centros educativos. Guía de recursos y procedimientos para su elaboración.* Consejería de Educación. Comunidad de Madrid. Recuperado de: https://www.educa2.madrid.org/web/educamadrid/principal/files/2ab4125c-3630-4d91-a63a-167876709252/PLAN%20CONVIVENCIA_2020.pdf?t=1589356398486

ver el buen trato, hacer pedagogía de los cuidados y reivindicar la bondad como valor esencial en las relaciones interpersonales. En este contexto, es esencial habilitar espacios para que el alumnado[3] sea el protagonista. La experiencia demuestra la efectividad de los programas que incorporan a los alumnos como agentes activos del cambio, en un entorno de sensibilización y colaboración con los equipos directivos y el profesorado, que puede tomar diferentes formas y modelos. Pero la frescura e ilusión de los menores rompen muchas de las barreras que los adultos no hemos sido lo bastante capaces de gestionar de manera adecuada.

Los efectos del acoso y del ciberacoso (especialmente este último, por su permanente diversificación y el tremendo y continuo impacto que tiene) son terribles, dramáticos. Las consecuencias son brutales en quienes los sufren y, en muchas ocasiones, sus secuelas duran para siempre. Por desgracia, a menudo tiene lugar en un espacio que banaliza —cuando no normaliza— el maltrato y configura un modelo en el que apenas hay consecuencias. Este extremo no se puede permitir.

No es fácil medir la prevalencia de este fenómeno. No debería bastarnos con el modelo del autoinforme en la aproximación epidemiológica al mismo. No considero verosímiles las cifras que de forma reiterada aparecen en los medios de comunicación (aquellas que señalan en torno a un 20 % o 25 % de incidencia) ni que ponerlas de manifiesto contribuya a luchar de manera eficiente contra esta lacra social. De lo que no hay duda es de que son muchísimos los niños que cada día se enfrentan a lo que tantas veces me han confesado: a un «infierno». Una situación en la que no se sienten queridos ni tenidos en cuenta; donde se les ningunea y excluye, se les humilla y denigra. Un lugar en el que el único camino que se les muestra es hacia el cruel aislamiento. No se puede permitir. No debemos cejar en tratar de encontrar las fórmulas que nos permitan aprender de las buenas prácticas. Muchas vidas, en el sentido más estricto, dependen de ello.

---

3. Luengo-Latorre, J. A. (2017). «Promover la convivencia en los centros educativos: el protagonismo del alumno». En *Revista de Estudios de Juventud*, 115. *Jóvenes: bullying y ciberbullying*. Recuperado de: http://www.injuve.es/sites/default/files/2017/42/publicaciones/documentos_5._promover_la_conviviencia_en_los_centros_educativos.pdf

DISFRUTAR Y APRENDER EN FAMILIA
GRACIAS A LOS VIDEOJUEGOS

MIGUEL ÁNGEL SALCEDO. Creador de contenido desde el año 2011, cofundador y CEO de L3TCRAFT, Agencia de Creadores de Contenido y responsable del Proyecto Educativo con Minecraft

Juegos de guerra (WarGames) se estrenó en España en octubre de 1983. Un *thriller* en el que un jovencísimo Matthew Broderick, en el contexto de los últimos años de la Guerra Fría, intenta infiltrarse en sistemas ajenos por curiosidad. David es brillante pero mal estudiante por falta de motivación. *Hackear* sistemas alimenta su curiosidad y le permite corregir sus notas escolares. En un momento dado, un servidor que no se identifica le intriga poderosamente. En él se encuentra una larga lista de videojuegos y no se detendrá hasta acceder por la puerta trasera a WOPR y comenzar un juego de Guerra Termonuclear Global, jugando como la Unión Soviética y atacando a Estados Unidos. El servidor inicia una simulación de batalla que inicialmente convence al personal militar del NORAD de que ha habido un lanzamiento real de misiles nucleares soviéticos. Mientras se intenta calmar la situación, el ordenador (Joshua) continúa la simulación para ganar el juego porque no entiende la diferencia entre la realidad y la simulación y sigue adelante con el ataque a Estados Unidos. La trama está servida.

Detrás de lo que puede parecer un recuerdo nostálgico de infancia, ilustrar esta breve nota con una película tan icónica de principios de la década de 1980 guarda relación directa con la forma en la que bajo mi punto de vista se observan erróneamente los videojuegos, y arroja luz sobre cómo, habiendo cambiado de siglo e inmersos ya en el XXI se deben leer, interpretar e implementar en nuestra sociedad el uso y entendimiento de los videojuegos. Y esta reflexión se puede resumir en una única palabra clave: Educación.

Los videojuegos aparecieron en Estados Unidos en la década de 1970 y revolucionaron la forma de jugar. Como parecía un juguete y se comportaba como un juguete, ergo era un juguete, una cosa de niños. Error. Se menospreció su potencial hasta que la aparición de to-

Hay que educar a docentes e instituciones públicas y privadas a emplear el videojuego como un aliado en la Educación.

dos los factores negativos en torno al uso indiscriminado de los videojuegos acabó en desprecio hacia un medio emergente que venía para quedarse. Mal entendido y con una cifra de negocio indiscutible.

La nueva reina del baile en los primeros años de la década de 1980 permitía a los pequeños, además de ver y oír imágenes y sonido, interactuar de forma activa en el ocio. Sigue siendo así hoy en día. Las gráficas, las historias, la programación, el guion… se han perfeccionado pero la idea es la misma. Interactuar. En contra, todo lo malo que se achaca a los videojuegos deviene de una elección errónea de la temática del juego (temática violenta, sexual, racista, machista, discriminatoria…) y/o de un uso indiscriminado del mismo (alteraciones de la vista, trastornos cognitivos, epilepsia, hipertensión…). Todo ello, minimizable con la formación y el conocimiento del relativamente nuevo videojuego. Llevamos casi 50 años de historia subestimando un «juguete» para acabar «satanizándolo» cuando con un sencillo ejercicio de conocimiento previo puede convertirse en un gran aliado en el desarrollo de los más jóvenes. Educar a los nativos digitales —nuestros hijos— a hacer un consumo responsable de videojuegos y pantallas. A no sustituir otras actividades esenciales con el ocio digital. A elegir responsable y comprometidamente tanto el juego como a los compañeros de juego si se trata de una actividad online. A respetar y exigir ser respetado. Establecer reglas y hacer del juego un lugar seguro. Educar a docentes e instituciones públicas y privadas a emplear el videojuego como un aliado en la Educación. Un aliado cultural como lo es la literatura, el cine, la música, el deporte, el arte… Educar a las familias a encontrar en el videojuego un lugar común de ocio y no «esa zona oscura a la que enviar a nuestros hijos para que nos dejen descansar», hacer y enseñar un consumo consciente de la tecnología y de los videojuegos en casa. Compartir esa actividad. Hacer sentir a nuestros hijos que, pese a nuestras ocupaciones de padres y adultos, estamos dispuestos a entender e incluso disfrutar del ocio de la misma forma que ellos.

Educar, enseñar y/o aprender conlleva interiorizar y transmitir unos conceptos, ideas nuevas hasta que se convierten en conocimiento, del individuo en primer lugar, de la sociedad como máxima beneficiaria de ese conocimiento en última instancia.

Saber distinguir la clase de conocimiento o habilidades que un niño aprenderá al jugar un arcade, un juego de deportes, uno de aventura y rol, un simulador, de estrategia, de lógica o de preguntas sin que este aprendizaje —y esta es la clave— riña con el ocio y el disfrute.

Jugad con vuestros hijos, aprended de ellos. No los aparquéis durante horas frente a la pantalla, ninguna pantalla.

Un producto cultural como los videojuegos, que bebe de todas las disciplinas artísticas conocidas por el ser humano, no puede, por naturaleza, ser nocivo para el desarrollo de un niño, de un adolescente, ni para el recreo de una persona adulta. Solo hay que educarse en él. De la misma forma que se aprende a leer, a interpretar música o a mirar una obra de arte. Formarse en el dominio de la herramienta y en su uso consciente, para que esta no nos domine a nosotros. Es ocio, sí. Es evasión, sí. Es incluso terapia reconocida en procesos psicológicos y físicos, por supuesto. Pero, como sucedería con cualquier otro «consumo» al que nos habituemos, por saludable que sea, que sea puede convertirse en tóxico y muy nocivo si no lo utilizamos consciente y saludablemente. Nos puede llegar a obsesionar; sustrayéndonos de la realidad nos aísla, nos domina y puede acabar anulándonos.

Los videojuegos, como medio de comunicación, transmiten conocimientos que, en muchas familias, no son controlados por adultos, pero poseen gran capacidad de entretenimiento, crean estereotipos, utilizan un discurso narrativo audiovisual cargado de ideas y son poderosamente atractivos. Todos estos argumentos me hacen concluir desde mi perspectiva y experiencia que los videojuegos no deben ser subestimados si no queremos acabar como en *Juegos de guerra*, al borde de una contienda bélica, principalmente familiar. Como producto cultural, los videojuegos tienen el potencial de moldear y modificar la forma de pensar de nuestros hijos y, por lo tanto, de la sociedad venidera.

La intervención de las familias, formadas a tal efecto, es necesaria para el consumo racional de los videojuegos. Dónde y cómo utilizarse y durante cuánto tiempo. A qué sí y a qué no puede sustituir un videojuego. Para ello, docentes y padres tienen que olvidarse del discurso negativo en torno a la «maquinita», ver en el videojuego el medio de comunicación y producto cultural que es y servir de primer filtro para sus hijos que tienen que ver en la oferta del PC o la consola una forma más de consumo de ocio y cultura de los niños y adolescentes. Es una perspectiva educativa. De diálogo. De conocimiento del videojuego concreto (no son todos iguales; cada uno, en su género, tendrá un PEGI determinado, un potencial concreto, afín a un determinado grupo de jugadores).

Me permito cerrar con otra película icónica, esta de 2018. En *Ready Player One* (basada en la novela homónima de ciencia ficción de Ernest Cline y llevada al cine por Steven Spielberg), un joven huérfano, Wade Watts, reconduce su vida entera en 2044, desentrañando como *egg hunter* el acertijo de Halliday, creador de OASIS, obsesionado con la década de los 80 y gran programador de videojuegos. Para Watts, el dominio de los videojuegos le supone encontrar el Huevo de Pascua que abrirá las puertas de su futuro. Uno terriblemente enmarañado por una realidad presente en absoluto benévola o propicia para el joven. Simplificando mucho la película, el videojuego de Halliday salva a Watts de su presente. En realidad, lo que quiero decir es que la trama de *Ready Player One* pone de manifiesto que los videojuegos no hacen la competencia a la educación, sino que la completan, enriqueciéndola. Que, si se seleccionan bien los juegos y se entra en ellos con conocimiento, la capacidad de permeabilidad de los aspectos positivos del juego es mayor y exponencial.

La reflexión, el análisis y el diálogo son claves para llegar al entendimiento adecuado.

Jugad con vuestros hijos, aprended de ellos. Haced el esfuerzo de comprar el videojuego adecuado. Hablad con ellos. No los aparquéis durante horas frente a la pantalla, ninguna pantalla. Nadie dijo que educar y formarse fuera sencillo, pero tampoco está escrito en ningún papel que no sea sorprendente y satisfactorio. READY?>

LA CIBERSEGURIDAD DEBE EMPEZAR EN CASA

OFELIA TEJERINA. Abogada en ejercicio. Doctora por la Universidad Complutense de Madrid. Máster en Derecho Informático

La seguridad física del hogar y de sus ocupantes se puede garantizar con diferentes medidas de protección. En cambio, la ciberseguridad en el hogar exige medidas específicas, en función de los usuarios digitales que la habiten y de su nivel de competencia digital.

Proteger a las personas y el espacio físico del hogar es una de las principales preocupaciones de la vida adulta. En el mundo cibernético la inquietud es similar, aunque lógicamente los parámetros que guían nuestras decisiones en este ámbito responden a condiciones diferentes. Lo primero que debemos saber es que no hay más o menos riesgos en la red en función del lugar en el mundo, aunque sí más —o menos— garantías de solución ante las contrariedades. Internet es una ventana abierta a todo tipo de problemas, pero, afortunadamente, también a un sinnúmero de respuestas. En la Unión Europea disponemos de legislación e instituciones a las que acudir, por lo que es importante conocerlas tanto para la prevención como para la reparación de los posibles daños causados. Sin embargo, no siempre hay garantías.

La ciberseguridad nunca puede llegar a ser un aval absoluto. Por eso, en estas líneas trataremos de señalar las recomendaciones más prácticas y habituales que harán que nos sintamos un poco más seguros usando internet en casa.

ObservaCiber, el primer observatorio público especializado en ciberseguridad, coordinado por el Observatorio Nacional de Tecnología y Sociedad (ONTSI) y el Instituto Nacional de Ciberseguridad (INCIBE) —ambos dependientes del Ministerio de Asuntos Económicos y Transformación Digital de España a través de la Secretaría de Estado de Digitalización e Inteligencia Artificial—, elaboró el «Estudio sobre percepción y nivel de confianza en España. Cómo se protege la ciudadanía ante los ciberriesgos» en el segundo semestre del 2021. Centrado en conocer «el grado de conocimiento y preparación de la población española», puso de manifiesto que «el 3,7 % de

Siempre hay que tapar la cámara del dispositivo cuando no se esté usando.

los dispositivos móviles y el 51,5 % de los ordenadores han sufrido algún tipo de infección por *software* malicioso (*malware*)» y que «el 70,9 % de las personas que se conectaron a internet han sufrido algún tipo de fraude». En sus páginas, el estudio señala asimismo que un tercio de los encuestados cree estar totalmente o bastante preparado para afrontar riesgos de ciberseguridad, pese a que la investigación reveló que más de la mitad tenía su ordenador infectado. Ahora bien, más del 90 % reconoció que necesitaba formación en el ámbito de internet.

Con estos datos, ¿qué recomendaciones son de mayor interés? ¿Por dónde hay que empezar?

En primer lugar, abordemos los elementos físicos: ordenadores, tabletas y teléfonos móviles. No cabe duda de que deben estar configurados exclusivamente con *software* autorizado, han de disponer de las debidas actualizaciones, un antivirus y sus usuarios han de evitar en lo posible el acceso a redes públicas. Se deben usar contraseñas robustas y cambiarlas de forma periódica, recurrir a sistemas de acceso con doble verificación (por ejemplo, con pin y patrón) y un *router* configurado correctamente, también con una contraseña segura. Las copias de seguridad son un elemento necesario y hemos de hacerlas de manera periódica, ya sea en discos duros externos —preferible— o en la nube. En este último caso, tendremos que comprobar que esta se encuentre en un sitio de confianza, respaldado por un prestador de servicios solvente. Tampoco olvidemos tapar la cámara del dispositivo cuando no se esté usando.

Con respecto al acceso a los contenidos en internet, se han de seguir una serie de recomendaciones. Entre ellas, destacan las siguientes: acceder solo a páginas web bien configuradas (atención a la calidad de las imágenes y del texto que puedan contener), que muestren toda la información de tipo legal y de privacidad esperable de un sitio fiable, así como que incluyan los datos de contacto y establecimiento en la UE (o del país donde resida y opere la compañía). Es de gran ayuda consultar opiniones de terceros sobre los servicios que prestan y las garantías de resolución de conflictos que ofrecen.

A la hora de hacer pagos, utilizaremos solo pasarelas con respaldo bancario de la UE (o del país donde resida y opere la compañía) y certificados digitales de identidad para transacciones de relevancia, ya sea para garantizar el correcto envío de la cuantía económica o para asegurar la privacidad de los datos personales que enviamos. Si se trabaja con información confidencial, habremos de utilizar sistemas de cifrado en su envío (o, si es posible, hacerla llegar físicamente en un disco duro externo).

> **Nunca se ha de confiar en un correo electrónico, mensaje de texto o similar que incluyan un *link* desconocido.**

Nunca se ha de confiar en un correo electrónico, mensaje de texto o similar que incluyan un *link* desconocido, y mucho menos aportar en un formulario datos bancarios que nos pidan por alguna de estas vías. También se pueden aplicar medidas *antispam* en el correo electrónico, por ejemplo, moviendo lo que no nos interesa a la carpeta de *spam* para que el algoritmo lo detecte y automáticamente evite que se nos llene de correo indeseado. Entre otras medidas muy útiles destacaremos las siguientes: eliminar archivos temporales con cierta regularidad, configurar las *cookies* para que la navegación sea lo más confortable posible o reducir al máximo el acceso que las aplicaciones móviles puedan tener a nuestros datos para que solo lo hagan en los casos estrictamente necesarios.

En lo que a publicidad y *fake news* se refiere —a lo que estamos continuamente expuestos—, se recomienda contrastar siempre la información que nos llega de determinadas fuentes (véanse determinados contactos por WhatsApp) a través de *fact checkers* («verificadores de información») de solvencia acreditada. En España contamos, entre otros, con maldita.es o newtral.es.

Un problema distinto es el uso que hacen los menores de la red y los dispositivos. Las recomendaciones en este sentido son bastante sencillas: educar desde la primera infancia sobre los momentos en que se debe o no estar pendiente del teléfono —desconexión digital—; educar sobre los riesgos asociados a la red, en función de la edad, para que comprendan los posibles daños y sus consecuencias, tanto a ellos mismos como a terceros; implementar en lo posible medidas de tipo técnico (aplicaciones) de control parental en los dispositivos, y, por supuesto, informarles de cómo afecta a su salud física y mental consumir ciertos contenidos o hacer un mal uso de las redes sociales. Los menores deben entender la pertinencia de las prohibiciones que imponen los adultos, que deben mostrar una disciplina adecuada con ellos en lo que a supervisión digital incumbe.

Para finalizar, haremos referencia a algunas de las instituciones que nos pueden ayudar a fomentar un entorno cibersaludable. Además del ya mencionado INCIBE, contamos también con la Agencia Española de Protección de Datos, la Secretaría de Estado de Digitalización e Inteligencia Artificial, la Fiscalía de Menores, el Defensor del Pueblo, el Grupo de Delitos Informáticos de la Guardia Civil y la Unidad de Delitos Informáticos de la Policía Nacional. Antes de concluir estas líneas, es obligado mencionar las asociaciones cuyo objetivo es contribuir a la protección de la ciudadanía, como la Asociación de Internautas o Pantallas Amigas.

11

ALGUNOS TÉRMINOS QUE DEBÉIS CONOCER

Banear. Del inglés *ban*, «prohibición». Alude al hecho de restringir (temporal o de manera permanente) a un usuario de un chat, foro o red social. Lo suele hacer un moderador, generalmente, por infringir las normas de uso y de comportamiento.

Bingewatching. El término proviene de *binge*, que significa «atracón», y *watching*, que se refiere a la acción de «ver la televisión»; podría traducirse como «atracón de televisión».

Entre lo más visto en 2020, el 36 % fue contenido para niños y adolescentes. Las compañías de *streaming* saben que este sector es una parte muy importante de su público y, por eso, siguen nutriendo su catálogo de producciones infantiles.

Ver la televisión o contenido en vídeo cuatro horas al día o más aumenta el riesgo de padecer diversas afecciones crónicas y depresión, y puede aumentar el riesgo de sufrir enfermedades cardiovasculares o muerte prematura en un 50 %.

El juego del calamar, de Netflix, se ha convertido en uno de los mejores ejemplos de cómo crear un producto de marketing que enganche a la audiencia.

Blockchain. Se trata de un tipo de tecnología descentralizada que almacena información en forma de bloques de datos para registrar transacciones.

Una de las formas más reconocidas de implementar una red *blockchain* es la que subyace a las criptomonedas (una forma de transacción económica) y el ejemplo más conocido de criptomoneda es, sin duda, el bitcoin.

Existen ejemplos de *blockchains* públicas, como bitcoin o ethereum, o privadas (en forma de empresa, organización o individuo), como Hyperledger.

La tecnología *blockchain* tiene una serie de ventajas:

- La privacidad: la red verifica que la transacción sea correcta, pero no identifica a los usuarios.
- La descentralización: no se necesitan intermediarios (ni, por tanto, conlleva comisiones por intermediación).
- La seguridad: las transacciones son encriptadas y no se pueden copiar ni hackear.

Ciberbullying. Es lo que entendemos como el acoso que se hace por internet y medios digitales, por ello también es conocido como ciberacoso. Por lo general, es una prolongación del acoso real que se produce en el centro escolar, aunque puede suceder solo online. El *ciberbullying* aumenta los riesgos y daños a la víctima porque esta lo puede padecer las veinticuatro horas del día, siete días a la semana.

Las chicas y la comunidad de jóvenes LGBTQI+ corren un riesgo particular de sufrir este tipo de acoso online.

Clickbait. El término procede del inglés y puede traducirse como «cebo o anzuelo de clics».

Suele tomar forma a través de titulares sensacionalistas que persiguen el mayor número de clics para fomentar su reenvío a través de las redes sociales.

El objetivo es generar ingresos publicitarios. Es una práctica intencionadamente engañosa.

Cookies. El término *cookie*, «galleta» en español, deriva de *magic cookie*, que se refiere a un paquete de datos que un programa recibe y reenvía.

Las *cookies* suelen utilizarse principalmente para dos finalidades: recordar configuraciones de acceso a sitios web y conocer los hábitos de navegación de los usuarios (podría entenderse como una especie de forma de vigilancia masiva en la red).

En sus campañas de publicidad, las empresas utilizan *cookies* de terceros para realizar un seguimiento de los usuarios. Para evitarlo, os recomendamos que borréis con frecuencia las *cookies* de vuestro ordenador.

Criptomonedas. Una criptomoneda es una divisa virtual y una de las formas más reconocidas de implementar la tecnología de red *blockchain*.

Las criptomonedas permiten pagos seguros en línea a través de lo que se conoce como *tokens* virtuales.

Existen más de diez mil monedas virtuales en todo el mundo, pero la más conocida es el bitcoin.

Cuando enviamos una cantidad en criptomonedas a una persona, gracias a la criptografía aseguramos que la moneda no pueda ser interceptada ni, por tanto, sustraída. Estas garantizan transacciones seguras.

Cyberflashing. Es una forma de acoso o violencia sexual en la que, generalmente un hombre, manda una foto o un vídeo de sus genitales sin el consentimiento de la persona receptora. Podría calificarse como el equivalente digital del «exhibicionista de la gabardina».

En algunos países, como Singapur, el Reino Unido, México y Argentina, el *cyberflashing* ya se ha tipificado como delito.

Deepfakes. El término proviene del inglés y lo forman las palabras *fake*, «falsificación», y *deep learning*, «aprendizaje profundo».

Con este concepto nos referimos a la modificación de vídeos, imágenes o la voz de una persona de forma hiperrealista, manipulando su mensaje o acciones, para hacer creer que la víctima ha dicho o hecho algo que no se corresponde con la realidad.

Contacta con INCIBE a través del teléfono 017 y de los canales de chat de WhatsApp (900 116 117) y Telegram (@INCIBE017) para denunciar si has sido víctima de un *deepfake*.

Dismorfia. Es la obsesión que tienen algunas personas por su físico y que les hace intentar parecerse a su imagen tras haber pasado por los habituales filtros que se aplican a las fotografías, especialmente de Instagram y Snapchat. Por ello algunas personas llegan a recurrir a la cirugía estética.

No es algo nuevo, pues ya se hablaba de trastorno dismórfico corporal en el siglo XIX, ni tampoco es causa solo de las redes sociales, pero querer verse como «un *selfie* con filtros» está ocasionando muchos trastornos depresivos en adolescentes y jóvenes.

Doomscrolling. Este término hace referencia al consumo desmedido de información negativa a través de pantallas.

El término deriva de *doom*, que significa «muerte», «destrucción» o «fatalidad inevitable», y *scrolling*, en alusión a las pulsaciones o arrastres que nos permiten pasar a una nueva publicación en pantalla. Se aplica a todo tipo de consumo de este tipo en las redes.

Hay personas que muestran una tendencia a los pensamientos negativos o de corte catastrofista, por lo que buscan información de este tipo.

Fake news. Es una expresión en inglés que se traduce como «noticias falsas».

Se trata de toda aquella información falsa que puede aparecer en forma de artículo, imagen, meme o vídeo que se presenta como real y cuyo objetivo es manipular la opinión del público o generar odio.

A menudo este fenómeno está asociado con el *clickbait*, visto líneas atrás, pues se pretende que la página web que las aloja obtenga muchos clics y, por lo tanto, más ingresos por publicidad.

Los usuarios de las redes o los *socialbots* pueden difundir *fake news* compartiendo o retuiteando el contenido.

Fingerprinting. El *fingerprinting* («huella digital») es toda aquella información que queda en un dispositivo informático que utilizamos.

La huella digital recoge datos de distinto tipo: el tiempo que visualizamos un contenido, los clics que realizamos o las apps que tenemos instaladas.

No podemos eliminar esta huella, pero, al menos, sí reducirla si se siguen estos consejos:

- Usar una conexión VPN para aumentar la privacidad y seguridad.

- Utilizar un buen bloqueador de anuncios.
- Navegar en modo privado.
- Alternar entre diferentes navegadores.

FOMO. El término proviene del acrónimo *fear of missing out* y describe el miedo a perderse algo del entorno digital, vinculado de alguna manera con el miedo a la exclusión.

Aquellas personas que se sienten socialmente aisladas son especialmente vulnerables a desarrollar FOMO y, por ello, tienden a pasar más tiempo en las redes sociales, para sentirse que forman parte de un grupo.

Ghosting. El *ghosting* es un término inglés para describir la práctica de hacerle un «plantón digital» a la pareja.

Quizá os haya pasado alguna vez: conocéis a alguien, intercambiáis números de teléfono, tenéis varias citas, empezáis una relación y, de repente, cuando todo parece ir bien, sin previo aviso, esa persona deja de contestar a los mensajes de texto y a las llamadas. Simplemente desaparece.

Según un estudio de la Universidad Western Ontario publicado en 2018, el 65 % de los encuestados reconocieron haber hecho *ghosting* y un 72 % dijo haberlo sufrido.

Grooming. Un *groomer* es una persona adulta, normalmente un hombre, que se suele hacer pasar por menor y adapta su lenguaje al de la edad de la víctima.

Esta práctica se manifiesta de diferentes maneras, lo que conlleva riesgos de diverso tipo: desde hablar de sexo y conseguir material íntimo hasta pretender mantener un encuentro sexual.

En muchos casos, a través de sobornos, engaños o regalos, el agresor contacta con el menor y establece un vínculo de confianza. Pretende obtener información o material delicado para luego chantajearlos.

El *groomer* siempre insiste en la necesidad de mantenerlo todo en secreto.

Happyslapping. La traducción literal del término es «bofetada feliz».

Se trata de otra forma de *bullying*: una agresión física provocada con el único objetivo de filmarla y difundir el vídeo en redes sociales o chats. Toma muy diversas formas: desde bofetadas, empujones o collejas, hasta crueles palizas.

En un 61 % de los casos, los agresores son amigos o compañeros de la víctima. En España, este tipo de actos están tipificados como delito de lesiones, según los artículos 147 y siguientes del Código Penal.

Keylogger. Se trata de un programa informático, generalmente utilizado como *malware* (véase más abajo), que registra las combinaciones de teclas que pulsan los usuarios en sus dispositivos y las almacena a fin de obtener datos confidenciales, como contraseñas, contenido de mensajes de correo electrónico, etc. La información almacenada se suele publicar o enviar por internet.

Loot boxes. El término en español hace referencia a cajas o «cofres botín» y está vinculado con los juegos en línea. Las recompensas se pueden conseguir por dos vías:

- Jugando: como recompensa al jugar una partida, por haber cumplido algún objetivo concreto del juego o por jugar muchas horas.
- Pagando: así se reduce el tiempo o esfuerzo requeridos para obtener esta recompensa por la vía ordinaria.

El mayor riesgo de los *loot boxes* es que siguen un mecanismo muy parecido al de las tragaperras, es decir, se genera una dinámica muy similar que hace pensar que «a la siguiente nos va a tocar», por lo que se sigue probando una y otra vez.

Por ello, es fundamental controlar la forma de pago en este tipo de plataformas. Lo más recomendable es hacerlo con tarjetas de prepago. De esta manera se controla mejor lo que se gasta.

Malware. El término *malware* es un acrónimo en inglés de *malicious software*.

Es un *software* malicioso que intenta invadir o dañar los dispositivos, o deshabilitar algunas de sus funciones, a menudo asumiendo el control parcial de las operaciones.

Los tipos más comunes de *malware* son los siguientes:

- Virus: programa que se introduce en un sistema informático y, cuando se ejecuta, se replica y modifica otros programas del ordenador (los «infecta»). Su objetivo suele ser el de dañar archivos.
- *Adware*: *software* no deseado diseñado para mostrar anuncios, normalmente en un explorador, y a menudo de contenido sexual.
- Troyano: programa dañino que se inmiscuye en otro legítimo para introducirse en el equipo de la víctima y abrir una vía para que otros programas maliciosos puedan acceder a él con fines del mismo tipo.
- *Spyware*: programa que se instala en el equipo subrepticiamente y recopila toda la información de lo que el usuario hace para que un tercero pueda acceder a esa información.
- *Ransomware*: es una especie de secuestro de datos del ordenador, que acaba siendo bloqueado para que tan solo a cambio de un rescate económico la víctima pueda recuperarlos.

NFT. El acrónimo NFT significa *non-fungible token* («activo no fungible»), es decir, un tipo de activo que no puede ser modificado, que es único.

Alude en concreto a una imagen, un gráfico, un vídeo, un GIF, un meme, un audio o cualquier otro contenido de carácter digital.

Se necesitan criptomonedas y un *wallet*, un monedero virtual, para poder adquirir activos digitales.

Hoy día los NFT brindan una oportunidad para los artistas digitales.

Nomofobia. Es una de las palabras más de moda de los últimos años. El término proviene del anglicismo *nomophobia* (*no mobile phone phobia*).

Según los expertos, las mujeres son quienes más la padecen, dado que su estructura cerebral les hace requerir una mayor necesidad comunicativa y afectiva con respecto a los varones. Por su parte, los jóvenes de 18 a 24 años son el grupo de edad más proclive a padecer nomofobia.

Pharming. Manipulación producida por un código malicioso, normalmente en forma de troyano, que se suele introducir en el ordenador al realizar una descarga y que permite que la víctima crea estar haciendo uso de una página web cuando, en realidad, se le ha conducido a otra, falsa, que simula ser la deseada.

Con esta técnica se intenta obtener información confidencial de las víctimas, desde números de tarjetas de crédito hasta contraseñas. De manera que, si el usuario accede a la web de su banco para realizar alguna operación, en realidad accede a una web que simula ser la del banco. Los delincuentes obtienen así los códigos secretos del usuario.

Phishing. El término proviene del inglés *password harvesting fishing* («cosecha y pesca de contraseñas»).

El *phishing* es un tipo de ciberestafa cuyo objetivo es obtener de la víctima sus contraseñas, números de tarjetas de crédito o DNI mediante engaño para, más tarde, utilizarlos de forma fraudulenta.

Normalmente los estafadores piden datos personales haciéndose pasar por una empresa o entidad pública con la excusa de comprobarlos o actualizarlos, a través de llamadas telefónicas (*vishing*) o SMS (*smishing*).

Por ello, la recomendación es desconfiar de mensajes o llamadas que soliciten datos u ofrezcan ofertas sospechosas. Revisad y reflexionad antes de hacer clic o dar información.

Phubbing. El término surge de la combinación de los términos ingleses *phone* («teléfono») y *snubbing* («ignorar»).

Podría definirse como la acción de desatender a las personas que nos rodean y a nuestro propio entorno por utilizar el móvil.

Esta práctica perjudica el desarrollo social y afectivo de las personas. Va más allá de una mera cuestión de mala educación; también denota un uso abusivo de la tecnología.

Los estudios apuntan a que el 90 % de los adolescentes prefieren el contacto virtual que el no virtual.

Sexting. La palabra es una combinación de los términos ingleses *sex* («sexo») y *texting* («envío de mensajes»).

Consiste en enviar mensajes con contenido erótico o sexual a través de dispositivos tecnológicos (móvil, tableta, ordenador) de manera voluntaria. Pueden ser fotos, mensajes, audios o vídeos, y se puede hacer a través de múltiples vías (WhatsApp, Omegle, Instagram, Messenger...).

Es habitual que lo utilicen quienes se han conocido a través de apps de contactos. Siempre y cuando se cuente con el consentimiento de las personas adultas involucradas, no tiene por qué ser malo ni peligroso.

Síndrome de Diógenes digital. Afecta a quienes tienden a acumular una cantidad ingente de contenido digital prescindible (memes, fotos, mensajes, gifs) en sus dispositivos y no lo eliminan.

Teniendo en cuenta que recibimos una media de veinte imágenes al día a través de WhatsApp y la misma cantidad de emails (varía según el ámbito profesional), está claro que debemos tener muy presente hacer limpiezas periódicas de archivos. En caso contrario, podemos ralentizar el funcionamiento de nuestros dispositivos.

Las estadísticas apuntan a que el 60 % de la población sufre este trastorno, en mayor o menor grado, pese a que muchos no lo saben y argumentan que mucho de lo que atesoran podría tener utilidad en el futuro.

Una señal de que se podría estar padeciendo este trastorno es cuando se prefiere comprar discos duros o tarjetas de memoria en vez de borrar archivos. Así que no lo dudéis y eliminad gifs, memes, vídeos y demás contenido innecesario. Llegado el caso, si lo necesitáis, seguro que lo podréis recuperar a un clic en internet.

Spooling. Es una forma de hackeo que consiste en que una persona se hace pasar por otra en internet para llevar a cabo actividades maliciosas de diverso tipo, perjudicando la reputación de la víctima o materializando fraudes.

Para evitar este riesgo, no introduzcáis información personal en ordenadores en espacios públicos o cuando estéis conectados a redes de wifi públicas. Tampoco respondáis a emails ni a otros mensajes en que se pida información personal.

Activad el doble sistema de autenticación que proporcionan las entidades bancarias, las plataformas de correo electrónico y redes sociales para fortalecer la seguridad de vuestras cuentas digitales.

Stalking. Significa en castellano «acecho» o «acoso». Ocurre cuando una persona persigue a otra de forma obsesiva.

No es ninguna novedad: en EE. UU. se tipificó como delito federal en 1996 y, en España (art.172 ter del Código Penal), el primer delito de *stalking* con condena se produjo en 2016.

«*Stalkear* en las redes sociales» es mirar todas las publicaciones de una persona de forma obsesiva para saber sobre su día a día y su vida.

Este delito está castigado con pena de prisión de 3 meses a 2 años o multa de 6 a 24 meses, según lo dispuesto en el art.172.2 ter del Código Penal español.

Troll. Llamamos *troll* (o «trol», en español) al usuario que busca provocar, ofender o provocar malestar dentro de una comunidad online, como puede ser un blog, un foro o un perfil en redes sociales.

A diferencia de alguien insatisfecho o enfadado con un servicio o situación, un *troll* no busca una solución a un problema, sino tan solo trastornar e irritar.

Trolling («trolear»). Así es como se denomina a la acción del trol, que persigue atraer la atención sobre él y comenzar una discusión que, en ocasiones, nada tiene que ver con el origen del desencuentro.

Muy relacionado con este es el *hater*, un tipo de trol muy agresivo que recurre al insulto y la mentira, y muestra desdén y superioridad con quienes interactúa, a los que suele responder con desprecio y más insultos.

La mejor recomendación al encontrarnos con un trol es ignorarlo, no alimentar su ego. Como se suele decir: *Don't feed the troll* («No respondas al trol»).

Unboxing. El término se traduce como «desempaquetado».

El primer *unboxing* data de 2006 y tuvo lugar en el canal Yahoo Tech para dar a conocer el nuevo Nokia E61.

Se puede hacer con todo tipo de productos: tecnológicos, de belleza, comida o juguetes. Se han llegado a poner de moda incluso quienes muestran la compra del supermercado.

Debemos tener en cuenta que muchos de estos vídeos están patrocinados por marcas, por lo que en el fondo se trata de un tipo de publicidad (engañosa, pues se hace de manera encubierta).

Vamping. El término *vamping* tiene su origen en la mezcla de dos términos ingleses: *vampire* («vampiro») y *texting* («teclear mensajes de textos»). Hace referencia a las personas que utilizan los dispositivos digitales por la noche.

Esta práctica puede producir un aumento del riesgo de obesidad o diabetes, ya que afecta a la regulación de la insulina. Además, si se duerme menos, durante el día se acusará más cansancio, por lo que ante una menor actividad se favorecerá el aumento de peso.

Hay estudios que demuestran que, si se duerme menos de tres o cuatro horas del tiempo recomendado, al día siguiente se ingieren entre 380 y 400 calorías más de la ingesta recomendada.

Por ello, los especialistas en sueño aconsejan ir a dormir siempre a la misma hora y evitar la exposición a las pantallas entre tres y cuatro horas antes.

WEBS Y RECURSOS DE INTERÉS

«Tu librería es tu paraíso».
ERASMO DE RÓTERDAM

Para consultar y estar al día de las últimas novedades de las plataformas, cambios de privacidad, estafas, riesgos, nuevas apps o redes sociales, o cualquier otra necesidad que tengáis en relación con el ecosistema digital, aquí os dejo algunas de las mejores webs, tanto de proyectos públicos como privados:

➡ INCIBE, Instituto Nacional de Ciberseguridad: www.incibe.es
➡ Agencia Española de Protección de Datos: www.aepd.es
➡ Oficina de Seguridad del Internauta: www.osi.es
➡ PantallasAmigas: www.pantallasamigas.net
➡ Levanta la Cabeza: www.compromiso.atresmedia.com/levanta-la-cabeza/
➡ Fundación Orange: www.fundacionorange.es
➡ Empantallados: www.empantallados.com
➡ PEGI, Pan European Game Information: www.pegi.info
➡ Commons Sense Media: www.commonsesemedia.org
➡ UNICEF: www.unicef.es
➡ FAD, Fundación de Ayuda contra la Drogadicción: www.fad.es
➡ Servicio PAD, Servicio de Prevención de Adicciones del Ayuntamiento de Madrid: www.serviciopad.es
  En el blog de esta página, tanto las familias como los docentes y el resto de los profesionales que trabajan con adolescentes podrán encontrar información sobre cómo comunicarse con los menores, prevenir adicciones, educar en el ámbito digital, estar al día de los riesgos que pueden afectar a nuestros hijos, etc.

Podéis acceder a la web desde este QR:

➡ Is4K, Internet Segura For Kids: www.is4k.es
Recursos gratuitos, tutoriales y guías para familias sobre temas
diversos, como la configuración de la privacidad y los datos en
internet, las mejores herramientas de control parental o cómo
funcionan las redes sociales que más utilizan los adolescentes.
Tenéis toda la información en este QR:

❖ RECUERDA ❖

Lo más importante a la hora de acompañar a nuestros hijos o a nuestros alumnos en el entorno digital es mostrar una actitud accesible. Además, hay una serie de palabras que siempre deberíamos tener muy presentes.

Sin duda, la primera palabra, esencial tanto en el ámbito familiar como en el educativo es **escuchar**. Escuchar a los menores para poder saber lo que les gusta y lo que no, qué necesitan, qué les preocupa y, tan solo cuando hayamos conseguido ese clima de confianza necesario, podremos **conversar**. Esta es la segunda palabra.

Debemos hablar mucho, sobre los temas más fáciles y los que no son tan sencillos de abordar, sobre los riesgos y también sobre las oportunidades que nos brinda la tecnología, sobre sus posibles errores y, cómo no, también sobre los propios.

La tercera es **acompañar**. Los menores deben saber que siempre vamos a estar ahí, más cerca cuando ellos quizá menos lo deseen, y menos cuando ya no nos necesiten tanto.

Por supuesto, no se han de olvidar las normas y los límites, porque debemos entender, tanto los padres como los menores, que cualquier forma de convivencia, ya sea analógica o digital, siempre es mucho más fácil cuando hay normas. Eso sí, siempre en un entorno de mucha empatía, respeto y paciencia.

❖ AGRADECIMIENTOS ❖

Lo primero de todo, quiero dar las gracias a todos los profesionales y compañeros que, viviendo en esta época de estrés e hiperconexión en la que nos encontramos, han podido hacer un pequeño hueco en sus ajetreadas agendas para compartir sus reflexiones y enriquecer así el contenido de este libro para las familias:

Verónica Pascual Boé @veronicapascboe. Presidenta de ASTI Foundation, vicepresidenta de Endeavor, miembro del Consejo de Telefónica y GAM.

María Zabala Pino @iwomanish. Periodista y escritora, especializada en familia, tecnología y ciudadanía digital. Autora del libro *Ser padres en la era digital*.

Marcela Momberg @marcelamomberg. Académica de Historia y Geografía, egresada de la Universidad Católica de Valparaíso. Especialista en metodologías activas, centra su trabajo en el autocuidado y la alfabetización digital.

José Luis Casal @jlcasal. Experto en modelos de negocio digitales. Miembro del Consejo y Advisory Board de empresas y *startups* tecnológicas y profesor de Nuevos Modelos de Negocio, así como de Marketing & Estrategia en la Universitat de Barcelona (IL3), el EAE Business School y la Universidad Complutense de Madrid.

Ana Ordóñez Franco. Médica especialista en prevención de adicciones. Jefa del Servicio de Prevención de Adicciones del Instituto de Adicciones de Madrid Salud, del Ayuntamiento de Madrid.

Anna Plans @annaplans_. Presidenta de la Associació de Consumidors de Mitjans Audiovisuals de Catalunya y miembro del grupo de expertos de la Fundación Aprender a Mirar.

Jorge Gallardo-Camacho @_jorgegallardo. Doctor en Ciencias de la Comunicación, MBA en Empresas de TV por la Universidad de Salamanca y Primer Premio Nacional de Comunicación Audiovisual en España. Director adjunto de *Espejo Público* y profesor de la Universidad Camilo José Cela.

Javier Gómez-Torres @javigoto. Licenciado en Psicopedagogía, diplomado en Magisterio, profesor de Tecnología en un proyecto de atención a alumnos con altas capacidades y experto sobre el uso de la tecnología en los procesos de enseñanza y aprendizaje.

Camila Polensvaig @camilapolens. Directora del grado en Emprendimiento y Gestión de Empresas de la Universidad Camilo José Cela. Especializada en *startups*, emprendimiento y desarrollo de negocio.

Cristina Fortuny @CristinaFortuny. Fundadora de B NetSmart, economista con experiencia en investigación de mercados y marketing. Comunicadora, conferenciante y escritora.

Borja Adsuara Varela @adsuara. Profesor, abogado y consultor. Experto en derecho, estrategia y comunicación digital. Doctor en Derecho por la Universidad Complutense de Madrid.

Delia Rodríguez @derechoadelia. Abogada de familia y mediadora. CEO de Vestalia Abogados de Familia y socia fundadora de la Asociación Madrileña de Abogacía de Familia e Infancia (AMAFI).

Juan F. Navas @JuanF_Navas. Doctor en Psicología. Profesor del Departamento de Psicología Clínica de la Universidad Complutense de Madrid. Experto en adicciones comportamentales y autor de numerosos artículos en revistas científicas.

Jorge Flores @JorgeFloresPPAA. Licenciado en Informática por la Universidad de Deusto. Fundador y director de PantallasAmigas desde 2004. Autor de publicaciones para familias y profesionales relacionadas con la educación, la ciudadanía y el bienestar digital.

José Antonio Luengo Latorre @jaluengolatorre. Licenciado en Psicología, especialista en psicología educativa y sanitaria. Catedrático de enseñanza secundaria. Decano del Colegio Oficial de la Psicología de Madrid.

Miguel Ángel Salcedo @chincheto77. Creador de contenido desde el año 2011, cofundador y CEO de L3TCRAFT, Agencia de Creadores de Contenido y responsable del Proyecto Educativo con Minecraft.

Ofelia Tejerina Rodríguez @OfeTG. Abogada en ejercicio. Doctora por la Universidad Complutense de Madrid. Máster en Derecho Informático. Autora del libro *Seguridad del Estado y privacidad.*

Después, por supuesto, el mayor agradecimiento es hacia mis padres y mi hermana que han sido los que me han inculcado los mejores valores y principios y me han dado la oportunidad y el apoyo para estudiar y aprender.

Además, todos solemos contar con la figura de un «mentor», que es aquella persona que nos ayuda en algún momento de nuestra vida. ¡Yo he tenido la suerte de tener a cuatro! Cuatro personas que, al conocerme, apostaron por mí y por mi potencial, brindándome todas las herramientas a su alcance para hacerme crecer. Isabel de Grandes Pascual, con la que tuve la maravillosa fortuna de trabajar en la Facultad de Derecho de la UCM, fue «mi segunda madre» durante mis años universitarios (y ya que ella ya no puede hacerlo, ojalá alguno de sus hermanos o sobrinos pudieran leer esta dedicatoria); Jorge Mata, referente del emprendimiento de nuestro país, que me descubrió el fascinante mundo de internet y me hizo apasionarme por la tecnología; de Condorcet Da Silva, uno de los padres de la televisión en España, aprendí el valor del trabajo y del esfuerzo, y el verdadero significado de que «nunca debemos dejar de aprender»; y, por último, pero el más importante, José Luis Casal, que me brindó toda la fuerza, motivación y ganas para que yo pudiera luchar por cumplir mis sueños…

Gracias a mi editorial, Amat, a mis editores Alexandre y Pere y a todo su equipo, por confiar en mi trabajo y hacerlo todo muy fácil.

Y no puedo acabar estas líneas sin agradecer a todos los que no han podido estar por una mera cuestión de espacio, pero que, sin duda, los tengo presentes en mi día a día: muchos de ellos me han ayudado a ser lo que soy hoy; de ellos leo, comparto, aprendo, reflexiono y, a veces (muy pocas), ¡también discrepo!:

Silvia Carrascal @SilviaCarrascal, José César Perales @JCesarPL, Ingrid Mosquera @imgende, Esther Paniagua @e_paniagua, Silvia Barrera @sbarrera0, Natalia Velilla @natalia_velilla, Selva

Orejón @selvaorejon, María Zalbidea @MZalbidea, María Lázaro @marialazaro, María Casado Fernández, Marc Almeida @cibernicola_es, Escarlata Gutiérrez @escar_gm, Cata Echeverry @mamatambiensabe, Yolanda Corral @yocomu, Jesús Cortés @jesuscortes-Ri, Irene Montiel Juan @IreneMontielJ, Ana Torres @anatorres8, Mónica Valle @monivalle, María del Mar Grandío @margrandio, Javier Sirvent @javiersirvent, Charo Sádaba @csadaba, José Luis Orihuela @jlori, Juan García @blogoff, Pablo Duchement @PDuchement, José Antonio Díaz @Malaganeos, Ruth Sala Ordóñez @Ruth_legal, Jacob Peregrina @jacobperegrina, Charly Sarti @CharlySarti, Santiago Moll @smoll73, Javier Picon @jpicons, Jorge Campanillas @jcampanillas, Mónica de la Fuente @Madresfera, Javier García @javiSENSUM, Miguel Ángel Orellana @OrellanaBookker, José Tomás González @J_T_GM, Marta Peirano @minipetite, Álvaro Varona @Kremaster, Rafael Dávila @rafadavilo, Carlos Seisdedos @carloseisdedos, Martín Expósito @martinexposito, Marc Almeida @cibernicola_es, Silvia Álava Sordo @silviaalava, Miguel Ángel Alfaro @malfarogonzalez, Manuel Moreno @trecebits, Juan Sobejano @jsobejano, Ana Isabel Corral @AIBot_CdH, Simón Gil @symonboss, Adrián Moreno @adriannmoreno, Domingo Malmierca, Carlota Fominaya @carlotafominaya, Paula Valle @pvalledp, Óscar González @OscarG_1978, Cristian Olivé @xtianolive, Antonio Milán @antoniomilanF, Juan Chávarri Pérez @ChavarriJuan, Lucía Velasco, @_LuciaVelasco, Nacho Guadix @GuadixNacho, Manuel Ransán @mransanb, Cristina Carrascosa @carrascosacris_, Janell Burley Hofmann @JanellBH, Daniel y M.ª Jesús López Serrano @mihuelladigital, Toni García Arias @tonigarias, Paula Gracias Andrés @CiberEleganzaIT, Santi Rey @SantiRey_TICs, Eli Soler @elisoler, Javier García-Manglano @jgmanglano, Belén Delgado @belendigital_, Alberto Fraga Iglesias @aiglesiasfraga, Carlos Otto @ottoreuss, David Martínez @dmartinezpr, «La convención de brujas» (mis compañeras del 2.0. de siempre: Fátima Martínez López @fatimamartinezlopez, Loreto Gómez Fuentes @loretogf, Ana Gómez @agvana, Carmen Ricote @CricoteM, María Bretón @mariabretong, Sara de La Torre @saradelatorre y Adriana Bombín @adrianabombin), Iker Jiménez @navedelmisterio y Carmen Porter @carmenporter_.

A mis compañeras y compañeros del Servicio de Prevención de Adicciones (Servicio PAD, Madrid Salud, del Ayuntamiento de Madrid), de los que llevo aprendiendo desde el 2014.

Y, finalmente, quisiera agradecer a todos mis alumnos que me han insuflado las ganas y la motivación de seguir aprendiendo y formándome cada año. Gracias a todos.

OTROS TÍTULOS DE INTERÉS

Cultivar una infancia creativa

Susanna Arjona

ISBN: 9788418114649
Págs: 160

Basado en la Programación Neurolingüística (PNL), y con pinceladas de coaching, meditación y «Pedagogía de la autenticidad», *Cultivar una infancia creativa* habla de cómo educar en la autoconsciencia, la libertad, los valores humanos, la autoestima, el respeto y la intuición, y enseña a poner la mirada amorosa en todo lo que hacemos, y a respetar el ritmo de nuestros hijos o alumnos.

A partir de diferentes cuentos de creación propia, la autora presenta reflexiones y ejercicios prácticos cuyo objetivo final es poner en el centro de la educación a las personas, tanto educadoras como niños y niñas.

Indefensión Aprendida

Marta Díez Ruiz de los Paños

ISBN: 9788497357630
Págs: 160

La Indefensión Aprendida es un estado emocional muy frecuente y, sin embargo, muy desconocido. «No soy capaz de superar mis miedos», o «no valgo para las matemáticas» (o para dibujar, para tocar un instrumento o para aprender un idioma) son ejemplos claros de Indefensión Aprendida. No se trata de una patología, sino de un estado emocional que puede darse incluso en personas con buenos niveles de confianza en sí mismas. En las aulas encontramos muchos casos de Indefensión Aprendida entre los alumnos con fracaso escolar, pero no son identificados como tal porque actualmente todavía es un fenómeno desconocido por muchos profesionales.

www.amateditorial.com